体育系列

篮球

郭永祥◎编

合肥工业大学出版社
HEFEI UNIVERSITY OF TECHNOLOGY PRESS

图书在版编目（CIP）数据

篮球/李方江编．—合肥：合肥工业大学出版社，2016.8（2021.7 重印）
（大众体育系列）
ISBN 978-7-5650-2884-7

Ⅰ．①篮…　Ⅱ．①李…　Ⅲ．①篮球运动-青少年读物
Ⅳ．①G841-49

中国版本图书馆 CIP 数据核字（2016）第 164459 号

篮　　球

李方江　编　　　　责任编辑　张　慧

出　版	合肥工业大学出版社	版　次	2016 年 8 月第 1 版
地　址	合肥市屯溪路 193 号	印　次	2021 年 7 月第 3 次印刷
邮　编	230009	开　本	710 毫米×1000 毫米　1/16
电　话	总　编　室：0551－62903038	印　张	11
	市场营销部：0551－62903198	字　数	203 千字
网　址	www. hfutpress. com. cn	印　刷	安徽芜湖新华印务有限责任公司
E-mail	hfutpress@ 163. com	发　行	全国新华书店

ISBN 978-7-5650-2884-7　　　　定价：35.00 元

前　言

篮球运动作为一项人们喜闻乐见的体育运动，以其健身性和娱乐性的特点深受群众喜爱。在中小学开展篮球运动有利于学生增强体质，培养良好的心理品质，提高社会交往能力，形成终身体育观。

《篮球》介绍了排球运动的起源、发展、特点、基本技术、快乐速成等内容，内容体现了如下特色：

1. 图文并茂，让青少年更形象、更轻松理解篮球运动的起源、发展、特点和基本技战术，变抽象的文字解释为形象的图片展示，有助于提高学生的学习和参与兴趣。

2. 将枯燥的联系娱乐化。本书编写了一些娱乐化的基本技术练习形式，使学生在游戏中掌握篮球运动的基本技术，提高学生学习篮球的兴趣。

3. 精选学生有兴趣的比赛、人物及少量趣闻进行介绍，旨在拓宽知识面，树立榜样和提高学生对此项运动的兴趣。

4. 补充了运动生理卫生及健康常识部分。针对篮球运动过程中可能出现的运动损伤，介绍了有效的预防措施及其简单的治疗方法，这对学生安全、可持续参与篮球运动以及技能的提高，都具有重要意义。

5. 增加了技术动作的英文名称。学生在学习篮球动作的同时，能够知道该动作的英文名称，丰富了学生的专业英语词汇。

青少年是国家的未来、民族的希望，他们身心健康、人格健全是每一个家长和老师的愿望，也是素质教育所追求的重要目标。我们把此书献给广大青少年，衷心地希望本书能够提高他们参与篮球运动的兴趣，使他们体验到篮球运动的快乐，为他们的学习生活增添一道亮丽的风景线。

目　录

第一章

篮球运动概述

一位体育老师一次奇思妙想的体育锻炼，把篮球带到了这个世界，其对个性的推崇和较高的观赏性，使其逐渐风靡全球。本章通过介绍篮球运动的起源、世界篮球运动的发展、我国篮球运动的发展、篮球运动的特点和篮球运动未来的发展趋势，使篮球爱好者进一步了解篮球的历史和篮球运动的未来。

第一节 篮球运动的起源与发展

一、篮球运动的起源

篮球运动始于1891年，创始人是美国马萨诸塞州斯普林菲尔德市基督教青年会干部训练学校的体育教师詹姆斯·奈·史密斯。由于当时美国马萨诸塞州冬季较为寒冷，难以在室外开展体育活动。为了提高学生的体能，詹姆斯·奈·史密斯就想在室内开展一些具有竞争性的锻炼活动以弥补寒冬室外活动的不足。他受当地儿童摘桃扔入桃篮活动的启发，将摆置在地面上的类似于桃篮的篮子悬挂于室内两侧距地面3.05米的墙壁上，选用足球向篮内投掷，投入篮内得1分，以得分多少决定胜负。但由于每次都要由专人爬梯子去取球影响比赛的顺利进行，后来人们就想到，将篮筐底部取消，悬挂在两端墙壁的立柱支架上，直到

1912 年，球篮才被改成现在这个样子。为避免将球投掷到场外而影响观看者，人们曾在篮筐后部设立了大小不同的挡网，到 1895 年发明了现在的篮板。

詹姆斯·奈·史密斯，1861 年 11 月出生于加拿大的安塔威。1883 年，史密斯在蒙特利尔获艺术学位。1890 年，他到美国马萨诸塞州斯普林菲尔德市基督教青年会干部训练学校学习。1891 年毕业后，他留校任体育指导，同年设计发明了篮球。1936 年，第 11 届奥林匹克运动会在德国柏林举行，篮球被列为正式比赛项目，史密斯偕夫人到会行开球礼。这届奥运会之后，国际篮球协会宣告成立，史密斯被聘为常年顾问。他对篮球规则的讨论与修改作出了很大贡献，博得各会员的尊重与欢迎。他于 1939 年逝世，享年 78 岁。

图 1－1　篮球运动的创始人詹姆斯·奈·史密斯

图 1－2　最早的篮球和篮筐

图 1－3　起源初期篮球比赛所用的篮柱和篮筐

图 1－4　起源初期的篮球比赛场地

最初的篮球比赛并没有统一的竞赛规则，对上场人数、场地大小、比赛时间均无严格限制，只需双方参加比赛的人数相等。比赛开始，双方队员分别站在两端线外，裁判员鸣哨并将球掷向球场中间，双方跑向场内抢球，开始比赛。持球者可以抱着球跑向篮下投篮，首先达到预定分数者为胜。由于比赛对人数、场地并没有严格限制，有些比赛上场人数竟然有 50 人，造成比赛的秩序比较混乱。为此，1892 年詹姆斯·奈·史密斯制定了 13 条比赛规则，主要规定是不准持球跑，不准有粗野动作，不准用拳击球，否则即判犯规，连续 3 次犯规判负 1 分；

比赛时间规定为上、下半时，各 15 分钟；对场地大小也作了规定。上场比赛人数逐步缩减为每队 10 人、9 人、7 人，1893 年定为每队上场 5 人。1908 年美国制定了全国统一的篮球规则，并有多种文字出版，发行于全世界。这样，篮球运动逐渐传遍美洲、欧洲和亚洲，成为世界上人们最喜欢的体育活动之一。

二、世界篮球运动的发展

篮球运动自诞生之日起就显示了它强大的吸引力和生命力，不到一年的时间内就在美国迅速普及，同时又很快传到其他国家。1892 年传入墨西哥，1893 年传入法国，1895 年传入中国、英国，1900 年传入菲律宾，1901 年传入日本、伊朗，后又传入俄国、巴西、澳大利亚等国家，1904 年传入德国并于同年被列为第 3 届奥林匹克运动会的表演项目。此后，篮球运动作为一个全新的运动项目在世界各地迅速传播。

1932 年 6 月 18 日国际业余篮球联合会在瑞士日内瓦宣布成立，总部设在意大利的罗马，共有葡萄牙等8 个国家参加。1936 年男子篮球运动在德国举行的第 11 届奥林匹克运动会上被列为正式比赛项目。同年，国际篮球统一竞赛规则诞生。1950 年和 1953 年，首届世界男、女篮球锦标赛分别在阿根廷和智利举行。1976 年的第 21 届奥林匹克运动会上，女子篮球被列为正式比赛项目。由此篮球运动在全球迅速发展，标志着现代竞技篮球运动正式诞生。

图 1－5　1936 年第 11 届奥运会男子篮球比赛

1990 年，国际业余篮球联合会正式更名为国际篮球联合会，并允许职业篮球球员参加世界大赛，这使得世界篮球运动开创了新的里程碑，进入了一个新的时代。世界篮球运动由此向职业化、商业化和社会化迈出了新步伐。

在篮球运动发展的 100 多年里，国际篮联已拥有 178 个会员协会，2 亿多人热衷和投身于这项运动之中。作为深受人们喜爱的世界性运动项目，篮球运动已成为融科技化、人文化、智谋化、个性化、群体化、技艺化、观赏化、职业化、商业化和产业化为一体的现代篮球运动。

三、我国篮球运动的发展

篮球运动于 1895 年由美国国际基督教青年会派往中国天津基督教青年会就职的第一任总干事来会理（David Willard Lyon）介绍传入我国天津市，因此，天津市是我国篮球运动的摇篮。1896 年在天津基督教青年会举行了我国第一次篮球赛，此后逐步由天津向北京、上海、南京、广州、香港、武汉等省市的青年会组织、教会学校流行与传播，并逐步推向社会。

图 1－6　来会理（David Willard Lyon）

1910 年旧中国举行的第 1 届全运会上篮球被列为男子表演项目，1914 年的第 2 届全运会上男子篮球被列为正式比赛项目，1924 年的第 3 届全运会上女子篮球被列为正式比赛项目。旧中国时期，中国男子篮球队参加了 10 次远东运动会的篮球比赛，并在1921年的第5届远东运动会上获得了冠军。此外，我国曾派队参加了1936年和1948年的第11届和第14届奥运会篮球比赛。1936年奥运会期间，中国篮球协会正式成为国际业余篮球联合会成员。

图1－7　20世纪初，在天津新学书院开展的一场篮球赛

图1－8　1921年第5届远东运动会上获得冠军的中国篮球队

图 1－9　1936 年参加第 11 届奥运会的中国篮球队

图 1－10　1937 年贺龙和“战斗”篮球队队员在一起

图1－11　1948 年参加第 14 届奥运会的中国篮球队

新中国成立后，篮球运动在我国的传播、普及、发展进入了一个新的阶段。

在国家积极倡导“发展体育运动，增强人民体质”的健身方针下，篮球运动因其简单易行、富有对抗性和趣味性，在全国迅速开展起来，成为人们喜闻乐见的体育运动。1956 年我国篮球协会正式成立，由董守义任第一主席。随着改革开放的深入，国家间的交流增多，我国国家篮球队在世界性比赛中取得了优异的成绩。

董守义，是中国著名的体育活动家、近代篮球运动的开拓者，是中国第一位篮球专业留学生、第一本篮球著作作者、中国历史上第三位国际奥委会委员，是在中国近现代体育史上声名显赫的人物。

图1－12　董守义

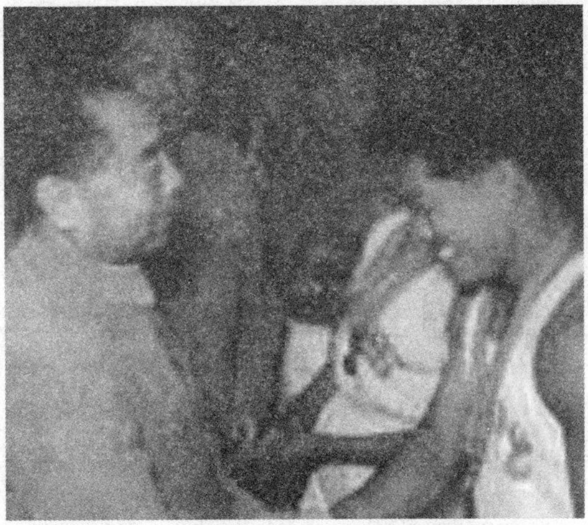

图 1－13　周恩来接见篮球运动员

图 1－14　中国篮球队访问波兰

1997 年，篮球运动管理中心成立，将过去的甲级联赛命名为“CBA 篮球联赛”，篮球俱乐部纷纷建立，推动了我国篮球运动职业化、商业化的改革进程。一大批篮球运动员开始走出国门，到国外打球。如：姚明、王治郅、巴特尔、易建联等到世界篮球比赛最高水平的 NBA 打球。1998 年中国大学生体育协会推出了 CUBA 大学生篮球联赛。2004 年又推出了大学生超级篮球联赛。这些联赛对于活跃高等院校文化生活，在学生中普及、提高篮球运动水平起到了积极的推动作用。

图 1－15　姚明在 NBA 与乔丹同场竞技

图 1－16　王治郅在 NBA 打球

表 1－1　中国男篮历届奥运会成绩

时间	赛　事	名次	主教练
1984	第 23 届奥运会	10	钱澄海
1988	第 24 届奥运会	11	钱澄海
1992	第 25 届奥运会	12	蒋兴权

续表

时间	赛　事	名次	主教练
1996	第 26 届奥运会	8	宫鲁鸣
2000	第 27 届奥运会	10	蒋兴权
2004	第 28 届奥运会	8	哈里斯
2008	第 29 届奥运会	8	尤纳斯

中国篮坛之最

我国最早的篮球场是上海基督教青年会于 1908 年建立的。它是国内最早的室内球场，宽 30 英尺（1 英尺 = 0.3048 米）、长 70 英尺，在当时开展活动、组织比赛和举办篮球训练班等方面，发挥了历史性的作用。

我国最早生产篮球的工厂是天津利生体育用品厂，该厂于 1919 年开始制造篮球。

我国第一位篮球留学生是董守义先生（1895—1978 年）。他是我国著名的体育活动家、教授、中国近代篮球运动的开拓者，河北省蠡县人，1923—1925 年赴美国斯普林菲尔德学院攻读体育专业，并亲身向篮球运动发明人奈史密斯博士学习篮球技术。新中国成立后，他当选为中国篮球协会主席、中华全国体育总会副主席，担任国家体育运动委员会运动技术委员会主任等职，为我国体育事业的发展作出了积极的贡献。

我国最早的一场女子篮球比赛：1916年，上海爱国女校派篮球队赴扬州，在江苏省运动会上做表演，这是中国女子篮球在运动会上第一次与观众见面。同年，上海女青年会体育示范学校组队与上海适美中学队比赛，这是中国女子篮球最早的校际比赛。

我国最早在国际性比赛中荣获冠军，是1921年5月在上海举行的第5届远东运动会上，我国男篮先后以30∶27、32∶28力克菲律宾和日本队取得了比赛的桂冠。

我国最早的一本篮球专著是董守义先生1930年编写的《最新篮球术》，1947年由上海商务印书馆出版。我国最早的篮球杂志是《篮球》，1981年7月创刊于北京，由中国篮球协会主办，人民体育出版社出版。1985年7月在长春创刊的《中国篮球报》成为我国最早的篮球专业报纸。

我国第一次参加奥运会篮球赛（男子），是1936年8月在德国柏林举行的第11届奥林匹克运动会，由于在小组预赛中负于日本队而未能出线。

我国最早获篮球国际裁判员称号的男裁判员是舒鸿先生（1894—1964年）。他早年赴法国勤工俭学，后入美国斯普林菲尔德学院体育系学习。1963年在德国柏林举行的第11届奥运会上，他参加了国际业余篮球裁判会，被批准为国际裁判，并担任了该届奥运会篮球决赛的裁判员，受到观众和大会的好评。

我国最早获国际篮球裁判员称号的女裁判员是陈美虹女士。她1982年经国际篮联考试合格，被批准为国际级篮球裁判员。

我国篮球身材最高的男运动员是穆铁柱，山东东明人，身高2.28米。身材最高的女运动员是陈月芳，宁夏人，身高2.08米。我国第一个篮球俱乐部是广东东莞宏远篮球俱乐部，它于1993年12月28日由中国篮球协会正式批准成立。1994年2月3日哈尔滨华龙篮球俱乐部在北京也相继正式宣布成立。我国国家队第一位外籍主教练是德尔·哈里斯。

第二节　篮球运动的特点

一、对抗性

篮球运动是由攻防两方面组成的对抗性竞技运动项目，激烈的攻守对抗是篮球运动的最基本的规律和特征。这种对抗主要表现为有球队员之间的对抗、无球队员之间的对抗、争夺篮板球时的对抗、教练员之间的谋略对抗、双方队员思想作风和意志品质的对抗。谁在这些对抗中占有优势，谁就能获得比赛的主动权，激烈的对抗促进了篮球运动向最高层次发展。

图 1－17　对抗（一）

图 1－18　对抗（二）

二、健身性

篮球运动既是激烈的竞技运动，又是深受男女老少喜爱的健身方式，不同层次的人群，通过不同的篮球比赛和锻炼，能有效地促进人的各项生理机能的提高，尤其是内脏器官、感官的功能和中枢神经的功能的提高。篮球运动是一项集体运动项目，需要全体队员和教练员非常默契地配合来完成的运动，这种默契的配合能培养人的积极进取精神、团结协作精神和集体主义精神，有助于人的心理素质的提高和心理健康的发展。

图 1－19　打篮球健身

三、娱乐性

篮球运动从诞生的第一天起，就是一项活动性游戏，是人们喜闻乐见的全民健身、娱乐的手段。篮球运动在演变成激烈的竞技运动的进程中，它的娱乐性特征始终有着十分重要的位置和分量，这一特征是篮球运动赖以生存和发展的重要基础。打篮球的人能从中得到自我价值的体现，娱乐身心，促进身心健康的发展，而观看篮球的人也能从中得到鼓舞，得到力量，得到快乐。

图 1－20　篮球的娱乐性（一）

图 1－21　篮球的娱乐性（二）

四、观赏性

篮球运动是一种社会文化形态，是一种具有技艺性与观赏性的独特文化，是一种特殊艺术的体现，它以独特的活动形式展示出人的心灵气质和优美形态。大力的扣篮、灵巧的妙传、神奇的远投等，处处展示出绚丽多彩的人体艺术画面。激励的比赛、失败者的沮丧、胜利者的喜悦，使人们难以忘怀。这种极强的观赏价值使篮球运动充满了活力和魅力，也是篮球运动赖以发展的基础之一。

图 1－22 胜利者的喜悦

图 1－23 观众的欢呼

五、商业性

随着篮球运动职业化进程的深入，运动员、运动队以及与之相关的电视转播、体育彩票、广告宣传、运动服装、器材等都将成为商品，利用高水平篮球的商业价值、文化价值和人际交往的价值，为社会提供相应服务。同时，获得经济效益是职业篮球发展的普遍规律，职业篮球这种浓厚的商业色彩已成为现代篮球运动的又一新特点，成为世界各国篮球运动的发展趋势。

图 1－24　科比·布莱恩特亚洲行成都站

图 1－25　沙奎尔·奥尼尔绵阳慈善捐赠活动现场

第三节　篮球运动的发展态势

一、大众篮球运动进一步普及

篮球运动由于自身的特点、规律和功能，使它充满活力。为此，新世纪大众性篮球运动将进一步在全球范围内普及，成为名副其实的全球性社会文化和全民性健身强体、修德养心的工具和手段。在发展中国家、地区的社区和工矿企业，篮球运动的开展将日益广泛，热爱篮球运动的各界人士将进一步支持、推广篮球运动。

图 1－26　篮球的普及（一）

图 1－27　篮球的普及（二）

二、学校篮球运动蓬勃开展

篮球运动的增智、健身、教育、宣传、社交功能越来越被各级教育行政部门和各类学校领导认同，积极开展学校篮球运动将成为活跃校园文化生活、展现学校声誉、增强师生体质、提高健身水平、陶冶情操、锻炼意志、修养品德、培养团队精神、增强使命感和荣誉意识的特殊教育形式。各种形式的业余篮球俱乐部将成为校园生活的基本社团组织。未来的优秀篮球人才将逐步由此启蒙、发展、提高。

图 1－28　校园篮球

三、职业篮球运动全球推广

职业篮球比赛的特殊社会性魅力和经济效益，促使新世纪职业性篮球俱乐部将在全球范围内广泛建立，职业性竞赛的商业化行为将日益完善法制经营，逐步形成一种新兴产业。竞赛规则、竞赛制度和竞赛方法的变革势在必行，观赏性、健身性、娱乐性、竞技性将成为篮球运动发展的主要因素。

四、竞技篮球运动群雄相争

21 世纪，世界篮球运动竞技水平和实力将形成起伏发展的新格局，这是篮球运动在普及、发展、提高的趋势。然而，总体上欧、美一些国家和地区在一个时期内仍将处于领先水平，但各国实力接近，排名奖反复出现更替。篮球运动的总体发展方向依然是群体智慧、意识、形态、个性、修养、体能、技能等多因素综合实力的搏斗与较量，攻守全面兼顾，个体与群体融合，高度与速度并驱，体能、作风、智慧与对抗技能高度统一，教练员与运动员有机相辅，即带着创新意识，沿着同一趋势、不同流派、不同风格、不同打法的方向发展，形成百花齐放的发展态势。

图 1－29　竞技篮球（一）

图 1－30　竞技篮球（二）

第二章

篮球运动基本技战术

工欲善其事，必先利其器。在篮球运动中，熟练的技术和默契的战术，是有效得分和坚固防守的保证。本章通过对个人进攻技术、个人防守技术、个人战术和集体战术几个方面来对篮球的基本技战术进行讲述，希望能以此来提高练习者的技术水平和战术意识，并且能够在今后的实践中起到积极的作用。

第一节 篮球基本技术

篮球技术是指在篮球比赛中运动员为完成进攻与防守所采用的动作方法的总称。它包括移动动作（指跑、跳、急停、转身等无球的动作方法）、控制支配球动作（指接球、传球、运球、投篮等有球的动作方法）和争夺球动作（指抢球、打球、断球、抢篮板球等动作方法），以及由这些动作各种各样的组合所组成的动作体系。按动作结构可将篮球技术分为进攻技术和防守技术（如图2－1所示）。

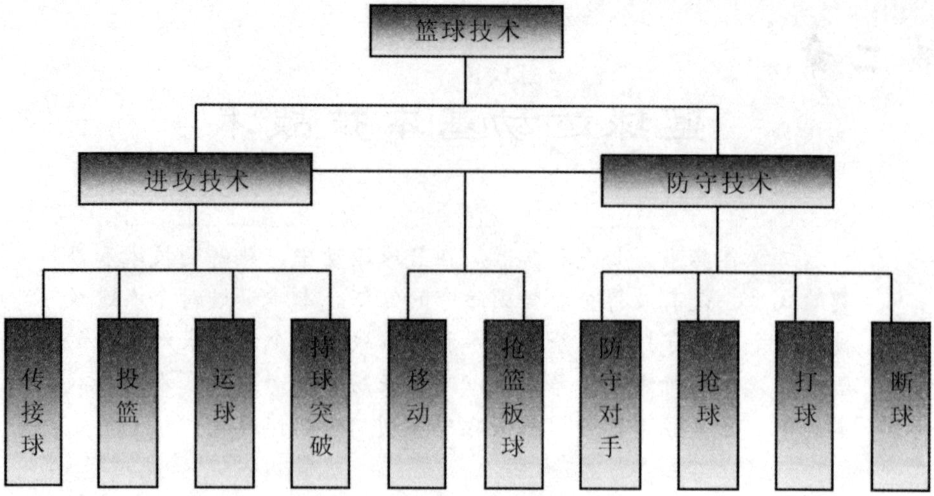

图 2－1　篮球技术分类

一、移 动

（一）起动

【动作方法】从基本站立姿势开始，起动时身体重心向跑动方向移动，以后脚（向前起动）或异侧脚（向侧起动）的前脚掌内侧突然用力蹬地，同时上体前倾或侧转，手臂协调地摆动，充分利用蹬地的反作用力，迅速向跑动方向迈步。

图 2－2　起动

（二）跑

1．变向跑

【动作方法】变向跑时从右向左变向时，最后一步右脚着地，脚尖稍向内扣，用前脚掌内侧用力蹬地，屈膝、腰部随之左转，上体向左前倾，快速移动重心，左脚向左前方跨出，然后加速前进。

图 2－3　变向跑

2. 变速跑

【动作方法】变速跑时，要利用两脚突然短促有力的连续蹬地，加快跑的频率，同时上体稍向前倾和手臂相应地摆动加以配合；减速跑时，利用前脚掌用力抵地来减缓快跑的前冲力，同时上体直起，保证身体重心的后移，从而降低跑速。

（三）急停

1. 跨步急停（两步急停）

【动作方法】急停时，先向前跨出一大步，跨步的同时，上体后仰，重心后移，用脚跟先着地，然后过渡到全脚掌抵住地面。另一脚随之跨出第二步，用前脚掌内侧用力触地，迅速屈膝降重心，控制身体的前倾，保持身体平衡。

图 2－4　跨步急停

2. 跳步急停

【动作方法】队员在中慢跑时，用单脚或双脚起跳（一般离地面不高），上体稍后仰，两脚同时平行落地。落地时全脚掌着地，用前脚掌内侧蹬地，两膝自曲，两臂屈肘微张，以保持身体平衡。

图2－5　跨步急停

（四）转身

1. 前转身

【动作方法】移动脚蹬地，在中枢脚前方（身前）跨步改变身体的方向叫前转身。

图2－6　前转身

2. 后转身

【动作方法】移动脚蹬地，在中枢脚后方（身后）进行弧形移动的叫后转身。

图2－7　后转身

（五）滑步

【动作方法】从基本站立姿势开始，两脚平行站立，两膝较深弯曲，上体微向前倾，两臂侧伸。向左侧滑步时，右脚前脚掌内侧蹬地，左脚向左（移动方向）跨出，在落地的同时，右脚紧随滑动，向左脚靠近，两脚保持一定距离，左脚继续跨出。在滑步时，要保持屈膝低重心的姿势，身体不要上下起伏，重心保持在两脚之间，眼要注视对手。向左侧滑步时脚步动作相反。

图2－8　滑步

（六）后撤步

【动作方法】撤步时，用前脚掌内侧蹬地，腰部用力向后转体，前脚后撤，间时后脚的前脚掌蹍地，当前脚后撤着地后，紧接滑步，保持身体平衡与防守姿势。后撤角度不宜过大，动作要迅速，身体不要起伏。

图 2－9　后撤步

二、传接球

（一）传球

1. 双手胸前传球

【动作方法】双手持球于胸腹之间，身体保持基本姿势站立。传球时，后脚蹬地，身体重心前移，两臂迅速向传球方向伸出，同时两手腕随之内旋，拇指用力下压，食、中指用力拨球将球传出。

图 2－10　双手胸前传球

【技术要点】小臂前伸略内旋，手腕翻转，指用力。

2. 双手头上传球

【动作方法】双手持球于头上，两肘弯曲，持球手法与胸前传球相同。传球时，前臂内旋、手腕前屈并往外翻，拇指、食指、中指用力向前拨球，将球传出。远距离传球时，要加上蹬地和腰腹力量的配合。

图 2－11　双手头上传球

【技术要点】前臂手腕迅速向前“鞭打”出球。

3. 双手体前反弹传球

【动作方法】双手持球于胸腹部，两脚开立。传球时，前臂向传球方向伸直，手腕翻转，拇指用力下压，食、中指拨球将球传出，使球通过击地反弹到同伴的手中。传球力量的大小，要以球反弹后接球队员能在腰腹位置顺利接到为宜。

图 2－12　双手体前反弹传球

【技术要点】伸臂迅速，腕指下压，出球要快，击球点要适当。

4. 单手肩上传球

【动作方法】传球时（以右手为例），左脚向传球的方向迈出半步，同时将球引到右肩上方，肘关节外展，上臂与地面近似平行，手腕后仰。右手托球，左肩对着传球方向，重心落在右脚上，右脚蹬地、转体的同时，右前臂迅速向前挥臂，手腕前屈，通过食指、中指拨球，将球传出。

图 2－13　单手肩上传球

【技术要点】肘关节外展，迅速向前挥臂，手腕前屈，拨指出球。

5．单手体侧传球

【动作方法】（以右手为例）双手胸前持球，右手传球时，左脚向左跨半步，右手将球引至身体右侧，拇指向上，手心向前，左手离球。臂向前做弧线摆动，手腕前屈，用食、中指的力量将球拨出，出球部位在体侧。

图 2－14　单手体侧传球

【技术要点】当球引至体侧时，前臂摆动要快，幅度要小，指腕急促用力抖动将球传出。

6. 单手胸前传球

【动作方法】传球时（以右手传球为例），持球方法与双手胸前传球相同。传球时，上体稍右转，右手腕后屈转至球的后方，同时左手离球，右臂迅速前伸，屈腕、手指拨球，将球传出。

图 2－15　单手胸前传球

（二）接球

1. 双手接球

【动作方法】双手接球时，两眼注视来球，两臂伸出迎球，手指自然分开，两拇指成八字形，手指向前上方，两手成一个半圆形。当手指触球后，迅速抓握球，两臂随球后引缓冲来球的力量，两手握球于胸腹之间。保持身体的平衡，做好传球、投篮或突破的准备。来球的高度不同时，两臂伸出迎球的高低也有所不同。

图 2－16　双手接球

【技术要点】伸臂迎球，在手接触球时，收臂后引缓冲，握球于胸腹之间。

2. 单手接球

【动作方法】如用右手接球，则右脚向来球方向迈出，两眼注视着来球。接球时，手掌成勺形，手指自然分开，右臂向来球的方向伸去。当手指触球时，手臂顺势将球向后下引，左手立即握球，双手将球握于胸腹之间，保持基本持球姿势。

图 2－17 单手接球

【技术要点】触球顺势后引，另一手迅速护、控球。

三、投篮

（一）单手肩上投篮

原地单手肩上投篮是最基本的投篮方法，它是行进间投篮和跳起投篮技术的基础，是比赛中最常用的投篮方法。

【动作方法】（以右手投篮为例）双脚开立，与肩同宽，右脚稍前，身体重心落在两脚之间，持球于同侧头或右肩前上方，左手扶球左侧，两膝微屈。投篮时，下肢蹬地发力，腰腹伸展，抬肘伸前臂，手腕前屈带动手指弹拨球，最后通过食指、中指柔和用力将球投出。

图 2－18　单手肩上投篮

【技术要点】上下肢协调用力，蹬伸、展腰、屈腕、手指柔和用力地拨球。

（二）双手胸前投篮

【动作方法】双手持球于胸前，肘关节自然下垂，两脚前后或左右开立，两膝微屈，重心落在两脚之间。投篮时，两脚蹬地，腰腹伸展，两臂向前上方伸直，两手腕同时外翻，手腕前屈，拇指用力拨球，使球通过食、中指端将球投出。

【技术要点】自然屈肘，投篮时下肢先蹬地，前臂旋内，手指拨球，上下肢和左右手用力要协调一致。

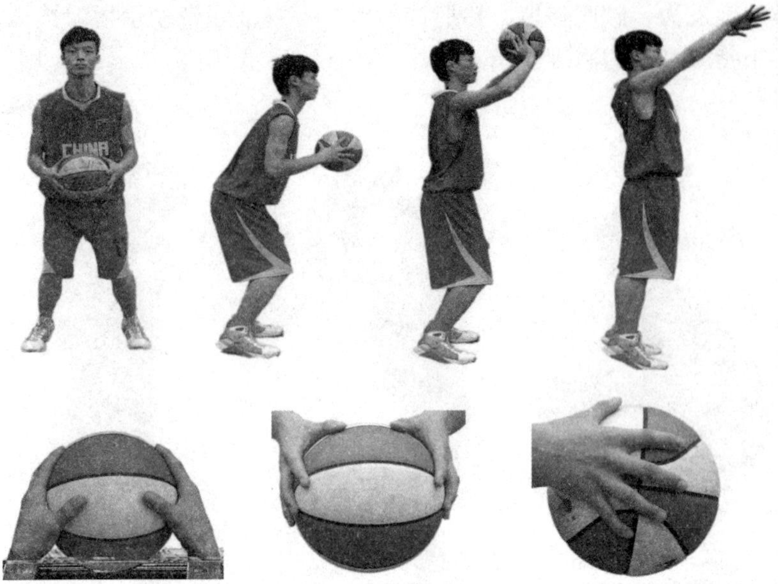

图 2－19　双手胸前投篮

（三）跳投

【动作方法】（以右手投篮为例）双手持球于胸前，两脚左右（或前后）开立，两膝微屈，身体重心落在两脚之间。起跳时，两膝适当弯曲，接着前脚掌蹬地发力，向上迅速摆臂举球并起跳，双手举球于肩上或头上，左手扶球左侧。当身体升至最高点或接近最高点时，左手离球，右臂向前上方伸直，同时突然发力屈腕，以食、中指拨球，使球通过指端投出。落地时屈膝缓冲，保持身体平衡。

图 2－20　原地跳起投篮

【技术要点】蹬地起跳要快速突然，当身体接近最高点时出手。

（四）行进间低手投篮

【动作方法】（以右手投篮为例）行进间右脚跨出一大步的同时接球，接着左脚迈出一小步同时用力蹬地起跳，右腿屈膝上抬，右手掌心向上托球下部，向前上方举球。当举球手接近球篮时，手腕上挑，用食指、中指、无名指用力拨球动作使球通过指端投出。

图 2－21　行进间低手投篮

【技术要点】腾空时身体向前上方充分伸展，投篮出手前保持单手低手拨球上挑的动作要柔和。

（五）行进间高手投篮

【动作方法】（以右手投篮为例）行进间右脚跨出一大步的同时接球，接着左脚迈出一小步同时用力蹬地起跳，右腿屈膝上抬。同时双手向前上方举球，腾空后当身体接近最高点时，右臂向前上方伸展，手腕前屈，以食指、中指拨球，通过指端将球投出。

图 2－22　行进间高手投篮

【技术要点】起跳充分，伸臂举球，翻腕拨指动作连贯协调，用力适度。

四、运球

（一）高运球

【动作方法】运球时两腿微屈，上体稍前倾，目平视。以肘关节为轴，前臂自然屈伸，手腕和手指柔和而有力地按拍球的后上方，用指根及指腹部位触球，食指向前。球的落点控制在运球手同侧脚的外侧前方，使球的反弹高度在胸腹之间，手、脚协调配合。

图 2－23　高运球

【技术要点】在手形正确的基础上，主动迎球，随球上引，前臂屈伸，控制球的落点；手按拍和脚步移动协调配合。

（二）低运球

【动作方法】运球时，两腿深屈，重心下降，上体前倾，屈腕用手指和指根部位短促地按拍球的后上部，使球的落点在身体的侧面，反弹高度保持在膝关节以下，以便更好地控制球和摆脱防守。

图 2－24　低运球

【技术要点】突然改变运球高度，并且要控制好按拍球的反弹力量，上下肢协调配合。

（三）急停急起运球

在对方防守较紧时，利用速度的变化摆脱对手，如用以破全场紧逼防守。

【动作方法】在快速运球中突然急停，使身体重心下降，手按拍球的前上方，使球停止向前运行，目视前方。急起时，两脚用力蹬地，上体迅速前倾起动，同时手按拍球的后侧上方，人、球同步快速前进。

图 2－25　急停急起运球

【技术要点】急停稳、起动快，人和球速要一致，上体前倾和脚的蹬地协调配合。

（四）体前变向运球

【动作方法】（以右手运球为例）运球变向时，右手拍按球的右后上部，把球从自己的右侧拍按至左侧前方。同时，右脚向左前方跨出，上体左转，然后换左手向前运球。

图 2-26　体前变向运球

（五）背后运球

【动作方法】（以右手运球向左侧变向为例）运球变向时，右脚在前，右手将球运至身体的右侧后方，左脚前跨，右手按拍球的侧后方，使球经身后运至左脚的侧前方，右脚迅速向左前方跨步，换左手运球继续前进。

图 2-27　背后运球

【技术要点】按拍球的部位正确、手脚动作配合协调一致。

（六）转身运球

【动作方法】当对手堵右侧突破时，迅速上左脚，微屈膝，重心移至左脚，并以左脚前脚掌为轴做后转身，右手将球拉至身体的后侧方，并按拍球落在身体的外侧方，然后换左手运球，加速超越防守。

图 2－28　转身运球

【技术要点】控制好重心和球，转身迅速，蹬、转、拍协调连贯。

（七）胯下运球

【动作方法】运球变向时，应跨出左脚、右手按拍球的右侧上方，使球从右腿侧穿过两腿之间，离地反弹到左脚侧，右腿向左前方迅速跨步，换左手运球继续前进。

图 2－29　胯下运球

五、持球突破

（一）交叉步持球突破

【动作方法】以右脚做中枢脚为例，突破时，两脚左右开立与肩同宽，两膝微屈，重心控制在两腿之间，持球于胸腹之间。突破时，左脚前脚掌内侧用力蹬地，同时上体右转探肩，贴近对手，球移至右手，左脚交叉步前跨抢位，同时向左脚左斜前方推放球，右脚用力蹬地跨步，加速超越对手。

【技术要点】蹬地跨步有力，起动突然，四个环节协调连贯。

图 2－30　交叉步持球突破

（二）同侧步持球突破

【动作方法】以左脚做中枢脚为例，突破前，两脚左右开立稍大于肩，两膝微屈，重心控制在两腿之间，持球于胸腹前。突破时，右脚向右前方跨一大步，同时转体探肩，重心前移，右手放球于右脚侧前方，左脚迅速蹬地并向右前方跨出，加速运球超越对手。

【技术要点】第一步要小而快，转体探肩动作要突然。

图 2－31　同侧步持球突破

六、防守技术

（一）断球

【动作方法】当防守者要从对手右侧绕前断球时，右腿先向前跨第一步，然后侧身跨左脚绕到对手身前，同时重心前移，左脚（或双脚）用力蹬地向前跃出，身体伸展，两臂前伸，将球截获。

图 2－32　断球

【技术要点】侧身绕前，跨步要迅速有力，手部前伸突然。

（二）抢球

【动作要点】防守队员看准对手的持球空隙部位，两手迅速抓住球后突然猛拉，将球夺抢过来。

图 2－33　抢球

（三）打球盖帽

1. 打球

【动作方法】打球时一般采用与球运动的逆向迎击，这样可借助反向合力增大击球力量，易于将球击落。当对手持球在胸以上部位向下移动时，宜采用由下往上的方法打球；当对手持球部位较低由下往上举球时，可采用由上向下的方法打球。

图 2－34　打球

2. 盖帽

【动作方法】当对手跳起投篮时，防守队员立即跟随起跳，此时身体充分伸展，手臂高举，当对方举球到最高点或出球的一瞬间，迅速用手腕动作向侧或向前将球拍出或打掉。

图 2－35　盖帽

七、抢篮板球

(一) 抢防守篮板球

【动作要点】判断球的方向和落点，及时抢占有利位置，合理运用移动和转身动作挡住对手向篮下冲跑的路线。

图 2－36　抢防守篮板球

（二）抢进攻篮板球

【动作要点】准确判断，及时向相反方向侧跨步，抢占有利位置，起跳迅速，跳至最高点补篮或抢篮板球，进攻队员抢篮板球要强调一个“冲”字。

图 2－37　抢进攻篮板球

第二节　篮球基本战术

篮球战术是篮球比赛中队员运用攻守方法的总称，是队员个人技术的合理运用和队员之间相互协调配合的组织形式。因此，篮球战术由个人战术、基本战术配合和全队战术构成。

一、篮球个人战术

（1）利用变向突破对手：如下图所示，进攻队员③利用脚步的移动做假动作从防守队员另一侧突破，③可采用体前变向或胯下运球变向。

图 2－38　利用变向突破对手

（2）利用转身突破对手：进攻队员③从右侧突破，当防守队员追上时，③利用转身摆脱上篮。

图 2－39　利用转身突破对手

（3）利用背后运球突破对手：进攻队员③先左右虚晃，然后利用背后运球变向突破防守队员上篮得分。

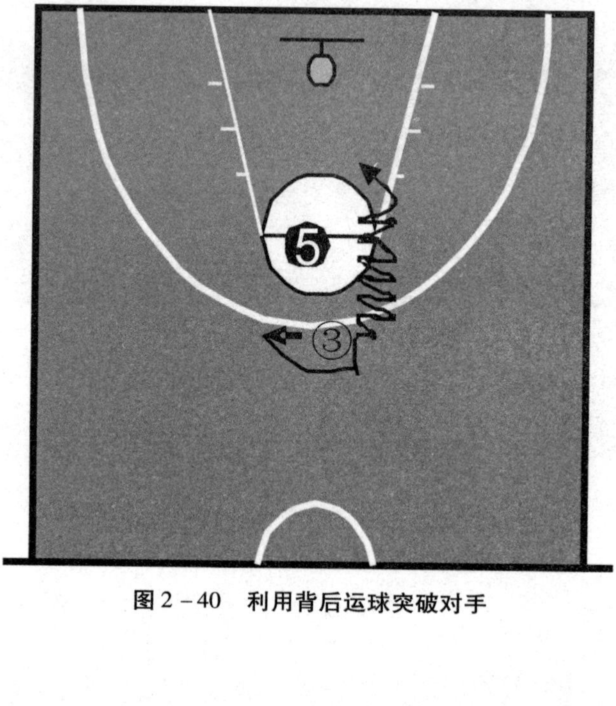

图 2－40　利用背后运球突破对手

二、篮球基础战术配合

篮球战术基础配合是指在篮球比赛中两三人之间有目的、有组织、协调行动的配合方法。它是现代篮球战术的重要组成部分，是全队战术配合的基础。篮球战术基础配合包括进攻战术基础配合和防守战术基础配合两个部分。

（一）进攻战术基础配合

进攻战术基础配合是指在篮球比赛中，进攻队员两三人之间组成的简单配合。进攻战术基础配合包括传切配合、掩护配合、策应配合和突分配合。

1. 传切配合

传切配合是指进攻队员之间利用传球和切入技术组成的简单配合。它包括一传一切和空切配合。

（1）一传一切配合：如图所示，③传球给④后，立刻摆脱❸对手向篮下切入，接同伴④的回传球投篮。

图 2－41　一传一切配合

（2）空切配合：③传球给④时，⑤乘其对手不备，突然横切或从底线切向篮下接④的传球投篮。

图 2－42　空切配合

2．掩护配合

掩护配合是掩护队员采用合理的行动，用自己身体挡住同伴的防守队员的移动路线，使同伴借以摆脱防守的一种配合方法。

掩护配合有多种形式和方法，根据掩护者和被掩护者身体位置的不同，有前掩护、侧掩护和后掩护三种形式。从组成掩护配合的行动来看，一是掩护者主动去给同伴做掩护，用身体挡住同伴的防守者的移动路线，使同伴借以摆脱防守；二是摆脱者主动利用同伴的身体和位置把对手挡住，使自己摆脱防守。因此，掩护配合能否成功，关键是在一瞬间创造出的位置差和时间差，争取空间与地面的优势而达到攻击的目的。

（1）侧掩护配合：

示例一：给无球队员做侧掩护（反掩护），如图所示，③传球给④后，即向相反方向跑动给⑤做侧掩护，当③跑到⑤侧面掩护到位时，⑤摆脱防守者切入篮下接④的传球。

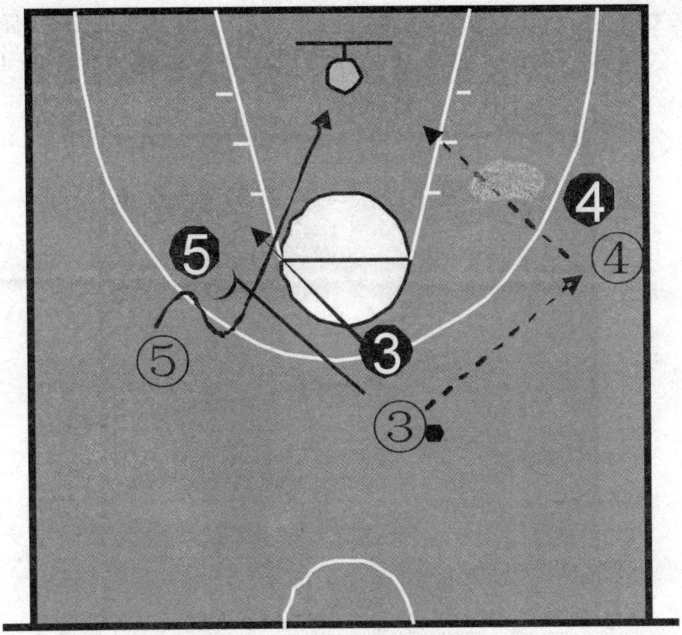

图 2－43　侧掩护配合示例一

示例二：③传球给④后，立刻给④号队员做掩护，④号队员从左侧突破，当❹换防跟进时，做掩护的其他队员后转身接突破队员④的回传球上篮。

图 2－44　侧掩护配合示例二

（2）后掩护配合：前锋为后卫做后掩护。⑤传球给⑥时，④跑到❺身后给⑤做后掩护，⑤传球后做向左切入假动作吸引防守队员❺的防守，当④掩护跑到位时⑤突然向右侧切入篮下接⑥的传球投篮。

图 2－45　后掩护配合

（3）前掩护配合：是掩护者跑到同伴防守者身前，用身体挡住防守者向前移动的路线，使同伴借机摆脱防守接球进行攻击的一种掩护方法。⑥跑到❺前面给⑤做前掩护，⑤利用掩护拉出，接④传来的球投篮或做其他攻击动作。

图 2－46　前掩护配合

3. 策应配合

策应配合是指进攻队员背对或侧对篮接球，以他为枢纽，与同伴配合而形成的一种里应外合的配合方法。

示例一：④摆脱防守插到罚球线做策应，③将球传给④，并立即空切篮下，接④的策应传球投篮。

图 2－47　策应配合示例一

示例二：④上提到罚球线接后卫③传球，后卫队员③利用假动作摆脱❹插入篮下，接④的反弹球上篮得分。

图 2－48　策应配合示例二

4. 突分配合

突分配合是指持球队员突破对手后，主动或应变地利用传球与同伴进行攻击的一种配合方法。④持球从底线突破❹，遇到❺补防时，④及时传球给横插到有利位置的③投篮。

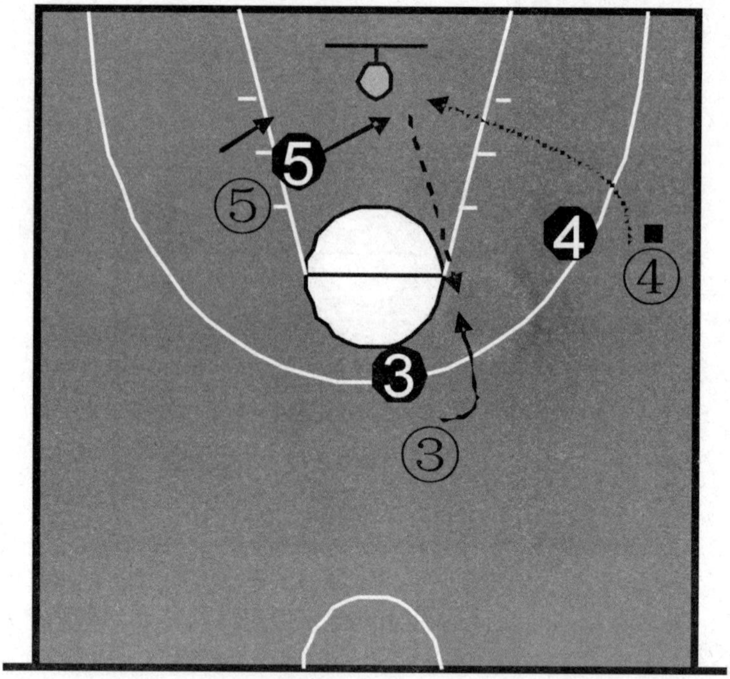

图 2－49　突分配合

（二）防守战术基础配合

防守战术基础配合是在篮球比赛中，队员两三人之间为了破坏对方进攻配合所组成的简单配合。防守战术基础配合包括抢过、穿过、绕过、关门、夹击、补防和交换防守配合等。其中抢过、穿过、绕过和交换是破坏掩护配合积极有效的方法。

1. 抢过配合

抢过配合是破坏掩护配合的积极有效的方法之一。防守者在掩护队员临近自己时，要积极向前跨出一步，贴近自己的防守对手，从掩护者前面挤过或抢过去，继续防住自己的对手。

如图所示：④传球给⑤后给⑥做掩护，在❹靠近自己的一刹那，迅速抢前一步贴近❻，并从❻和❹中间抢过去继续防守❻。

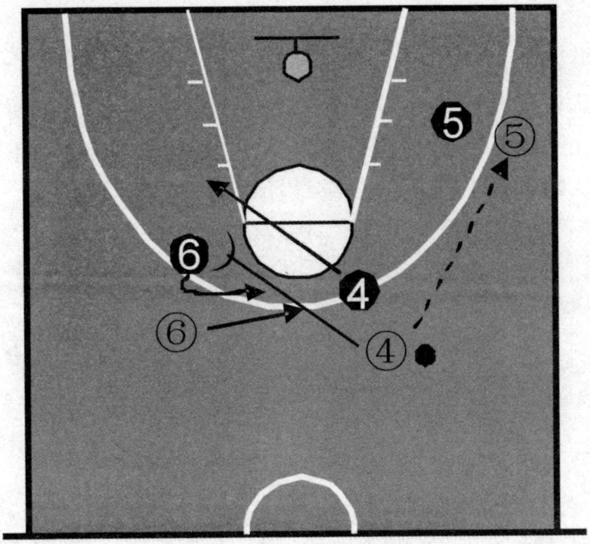

图 2－50 抢过配合

2. 穿过配合

穿过配合是破坏掩护配合、及时防住自己对手的一种配合。当进攻队员进行掩护时，掩护队员的防守者要及时提醒同伴并主动后撤一步，让同伴及时从自己和掩护队员之间穿过，以便继续防住各自的对手。如图所示：⑤传球给⑥后去给④做掩护。要及时提醒同伴，防守队员④当⑤掩护到位前的一刹那主动后撤一步，从❺和❹中间穿过去，继续防守❹。

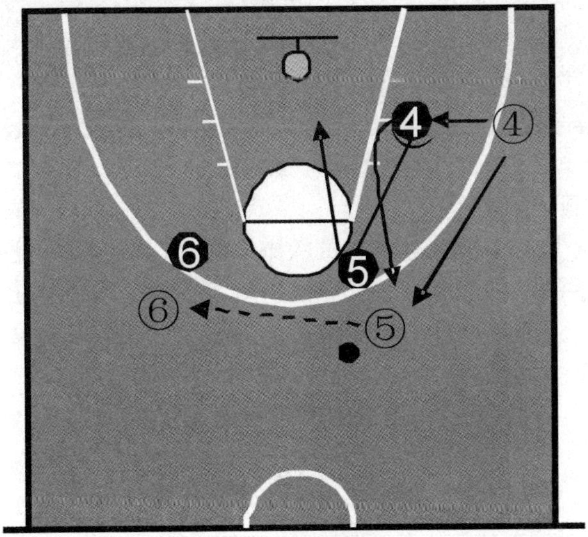

图 2－51 穿过配合

3. 绕过配合

绕过配合是破坏对方掩护配合及时防守自己对手的一种配合。当进攻队员进行掩护时，掩护队员的防守者主动贴近对手，让同伴从自己的身旁绕过，继续防住各自的对手。如图所示：⑥传球给⑤并为其做掩护，⑤传球给④后利用⑥的掩护向篮下切入，从❺和❻的身后绕过继续防守❺。

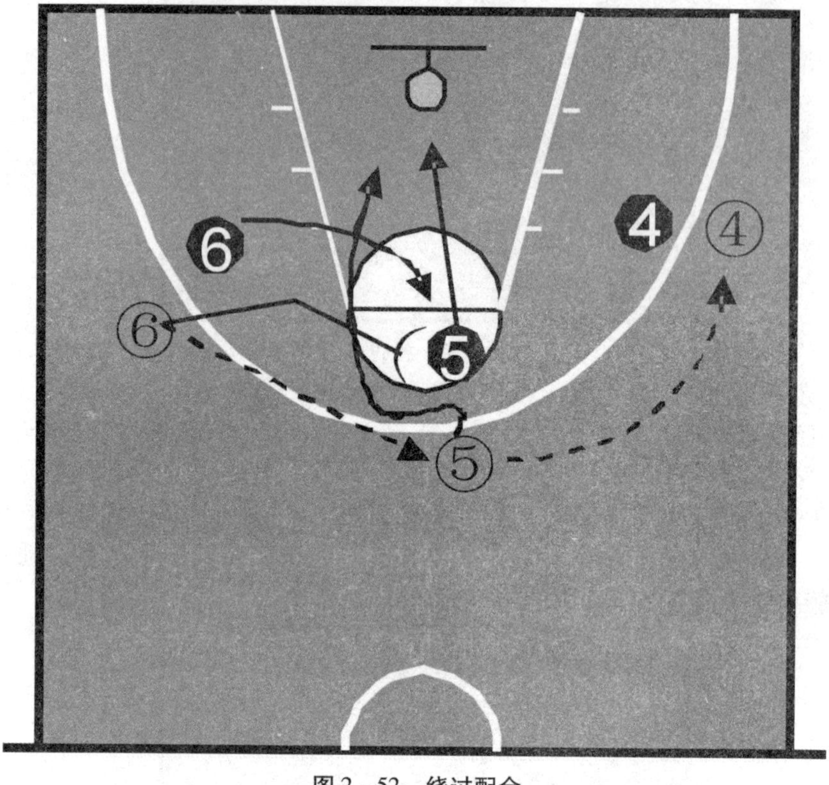

图 2－52 绕过配合

4. 交换防守配合

交换防守配合是为了破坏进攻队员的掩护配合，防守队员之间及时地呼应交换自己所防守对手的一种配合方法。如图所示：⑤去给④做掩护，要主动给同伴发出换人的信号，及时堵截❹向篮下突破的路线。此时应及时调整自己的防守位置，防止❺向篮下空切。

图 2－53　交换防守配合

5. “关门”配合

“关门”配合是指两名防守队员靠拢协同防守突破的配合方法。如图所示：当⑤向右侧突破时，❹和❺进行“关门”；向左突破时，❺和❻进行“关门”。

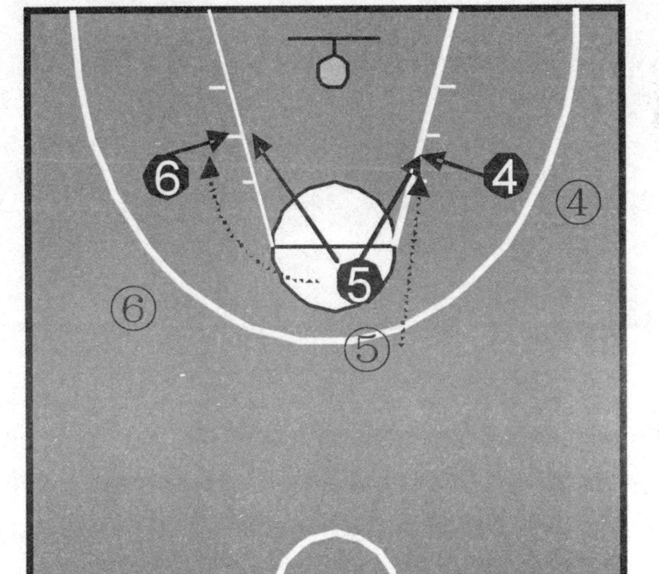

图 2－54　“关门”配合

6. 夹击配合

夹击配合是指两名防守队员有目的地同时采取突然的行动，封堵和围夹持球者的一种配合方法。夹击配合是一种攻击性和破坏性极强的防守配合，它能有效地控制持球队员的活动，给对手心理上造成巨大的压力，制造对方失误形成本方抢断球的机会。如图所示：❹从底线突破，封堵底线，迫使④停球，同时迅速向底线跑去与❺协同夹击④，封堵其传球路线，迫使其违例或失误。

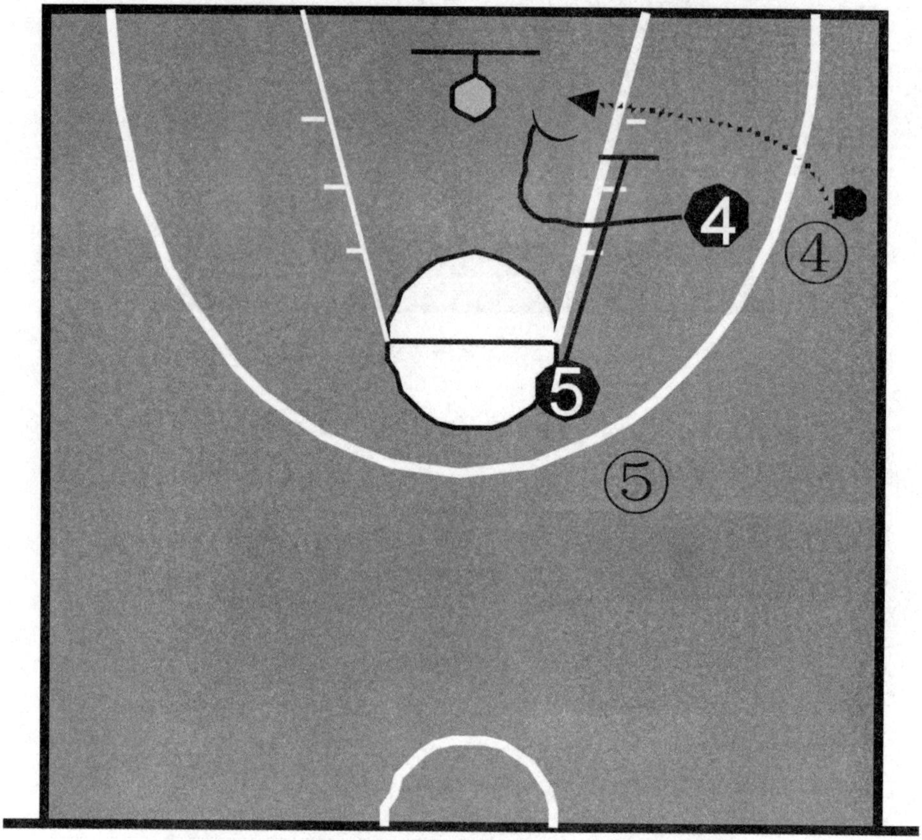

图 2－55　夹击配合

7. 补防配合

补防配合是指防守队员在同伴漏防时，立即放弃自己的对手，去补防那个威胁最大的进攻者，而漏人的防守队员及时换防的一种协同防守配合方法。如图所示：⑤传球给④后，突然摆脱❺的防守直插篮下，此时，防守队员❻放弃对⑥的防守而补防⑤，❺去补防⑥。

图 2－56　补防配合

三、快攻与防守快攻

（一）快攻

快攻是由防守转入进攻时，全队以最快的速度、最短的时间，乘对方防守立足未稳，力争造成人数上或位置上的优势，或创造以多打少或无人防守或人数相等的有利攻击时机，果断而合理地进行快速攻击的一种进攻战术。

快攻在组织形式上分为长传快攻、短传快攻、运球突破快攻三种。

快攻的结构，若组织形式是长传快攻，则由发动和结束两个阶段组成。其他两种形式的快攻分别由发动与接应、推进和结束三个阶段组成。而三个阶段的具体形式、位置、区域则以时机条件不同，运用技术与配合可多种多样。

1．长传快攻

长传快攻也称为长传偷袭快攻。它是指队员在后场获球后，用一次或两次传球，将球传给快速向对方篮下跑动的同伴完成投篮的一种配合。其特点是突然性强、速度快、时间短、成功率高。

示例一：（抢篮板球后长传快攻）④抢到篮板球后，首先应观察全场情况，掌握发动快攻的时机，⑦和⑧及时快下超越防守者。④根据情况，长传球给⑦或⑧进行投篮。④⑤⑥应随后插空跟进。

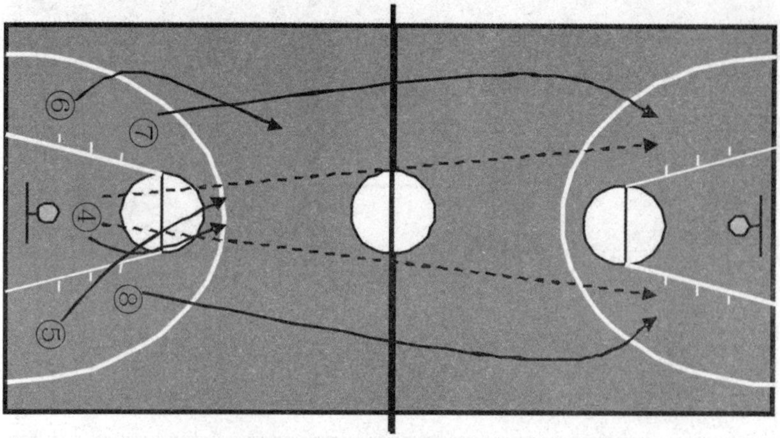

图 2－57　长传快攻示例一

示例二：（断球后的长传快攻），如图所示。

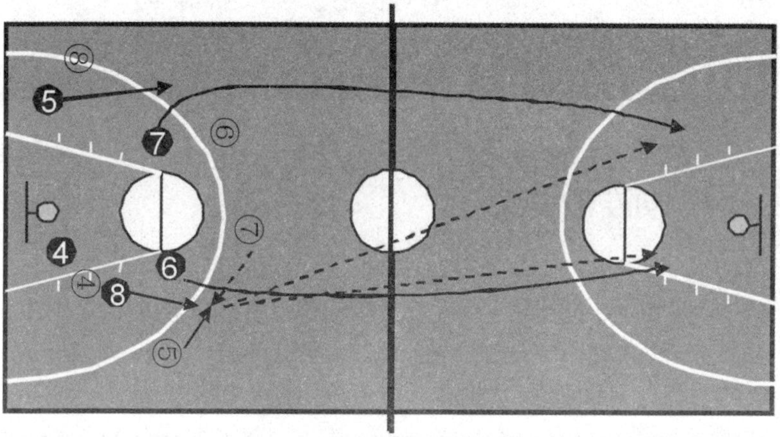

图 2－58　长传快攻示例二

2．短传与运球结合快攻

队员在后场获球后，利用快速的短距离传球、运球推进到前场进行攻击的一种配合方法。其特点是灵活多变、层次清楚、容易成功。如图所示：④抢到篮板球后，将球传给接应的⑥，⑥又把球传给插中路的⑤运球推进。⑦和⑧沿边线快下，⑤根据情况将球传给⑦或⑧投篮，④和⑥随后跟进。

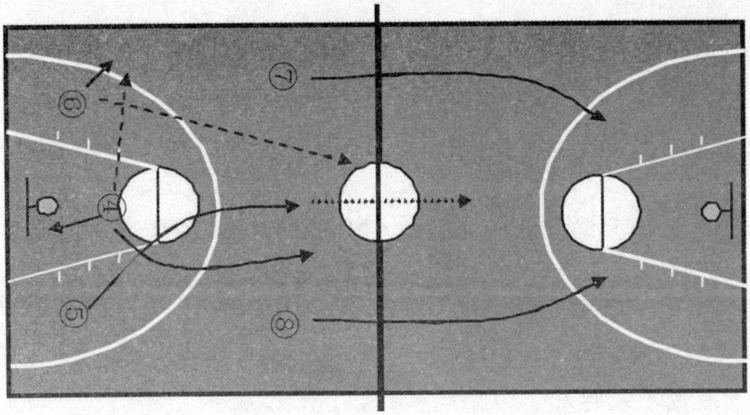

图 2－59　短传与运球结合快攻

3. 运球突破快攻

防守队员获得球后，利用运球技术超越防守，自己投篮得分或传给比自己投篮机会更好的同伴进行攻击的方法。其特点是减少环节、抓住战机、加快进攻速度。结束段主要是个人攻击或给跟进者投篮。如图所示：④抢到篮板球后，⑤插中接应将球传给沿边线跑动的⑧，⑧再回传给⑤，从中路推进，⑦和⑧沿边线快下，⑥和④随后跟进。

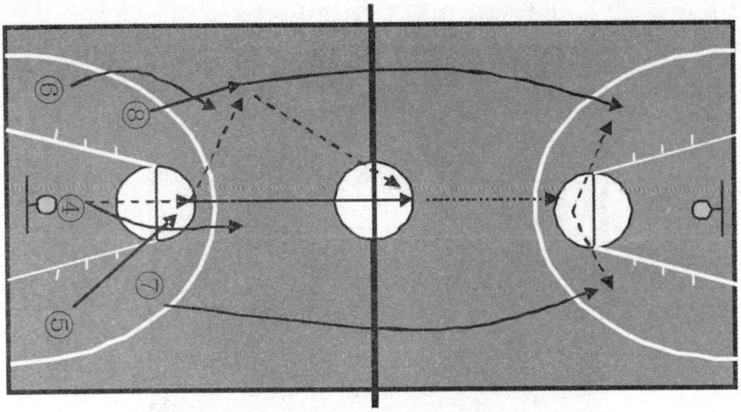

图 2－60　运球突破快攻

（二）防守快攻

防守快攻是指由攻转守的瞬间及时组织阻止和破坏对方快攻的防守战术。防守快攻的主要方法：

（1）提高投篮命中率，拼抢前场篮板球；

（2）积极封堵第一传和接应；

(3) 堵截接应点;

(4) 防守快下的队员;

(5) 提高以多防少的能力。

四、半场人盯人防守

半场人盯人防守是防守队在后场做人盯人防守的一种全队防守战术。原则是“以人为主，人球兼顾”和“有球紧，无球松，近球紧，远球松”。防守时，要积极移动，抢占有利位置，破坏对方进攻配合，加强集体防守。从防守范围的大小来讲，可以分为半场缩小人盯人和半场扩大人盯人防守。

(一) 半场缩小人盯人

半场缩小人盯人防守的防区一般为距篮 6 ~ 7 米，防守的重点在于控制对方篮下进攻和外线突破。因此，它适应于对付中、远距离投篮不太准，突破和篮下攻击能力较强的球队。

1. 球在正面的防守方法

如图所示，当球在⑥手中时，防守队员❻应紧盯，不让其投篮和传给中锋④，要缩回，协助防④，要在④的左侧防守，卡断⑥的传球路线。❼稍向❻靠拢，以备⑥向中间突破时与❺做“关门”的防守配合。❽向篮下靠拢，❼和❽此时均应“人球兼顾”，堵截对手向限制区切入的路线。

图 2 – 61　球在正面的防守方法

2. 球在 45 度角时的防守方法

如图所示，当⑤接球后，❺应上前积极防守，干扰他投、传，尤其要注意不让他沿底线突破。防守队中锋❹应站在靠底线一侧防守④。❻撤回到④的附近，帮助防守对方的中锋④。❼和❽均向限制区回缩，并注意防住对手的空切。

图 2－62　球在 45 度角的防守方法

3. 中锋接到球的防守方法

如图所示，当对方中锋④在限制区腰上得球时，要紧盯，不让他投篮和突破（要保持正确防守位置和姿势）。❻和❼应果断迅速地暂时放弃自己的对手而后撤。❹同❺一起夹击④。❽稍向左的位置靠近，兼防⑥和⑦向篮下靠拢，以便补防和抢篮板球。

图 2－63　中锋接到球的防守方法

（二）半场扩大人盯人防守

半场扩大人盯人防守的防守区域较大，一般在距篮 8～9 米。防守的重点是阻扰和破坏对方外围的传、运配合，封锁外围的投篮。它适应于对付中、远距离投篮较准但突破和控制球能力较差的球队。

1. 球在正面时的防守方法

如图所示，当⑥持球时，❻要近身防守，也要紧逼对手，卡断对手接球的路线。❼可适当地缩回，准备协助同伴防守。

图 2－64　球在正面时的防守方法

2. 球在 45 度角时的防守方法

如图所示，当⑥传球给⑤后，❺要紧紧看住⑤，不让他投篮或从容地传球，并严防他从底线突破。在紧逼⑥的同时，还应注意，如果⑤从内侧突破，要及时后撤“关门”。离球远的❼可以稍缩回一些，但要防止⑦插向篮下。❽可远离⑧，靠近篮下，随时准备截断⑤传给④的高吊球。防守中锋❹，为了不让④在篮下接到球，应当果断地绕前防守。

图 2－65　球在 45 度角时的防守方法

3. 球在边角停止时夹击的防守方法

如图所示，当球在⑧手中已运过球停止时，防守队员应有组织地上去夹击、抢断，迫使⑧传球失误或5秒违例。❽见球在⑧手中已运球停止时，要果断、迅速地向⑧滑动，❼与❽夹击⑧。❻要及时补防⑦，❺和❹要及时调整位置，伺机断球。

图2－66 球在边角停止时夹击的防守方法

五、区域联防和进攻区域联防

（一）区域联防

区域联防是一种半场的全队防守战术，由进攻转入防守时，防守队员迅速退回后场，队员分工负责防守一定的区域，严密防守进入该区域的球和进攻队员，并以一定的形式把每个防守区域的同伴有机地联系起来的一种集体防守战术。

1. 区域联防的形式

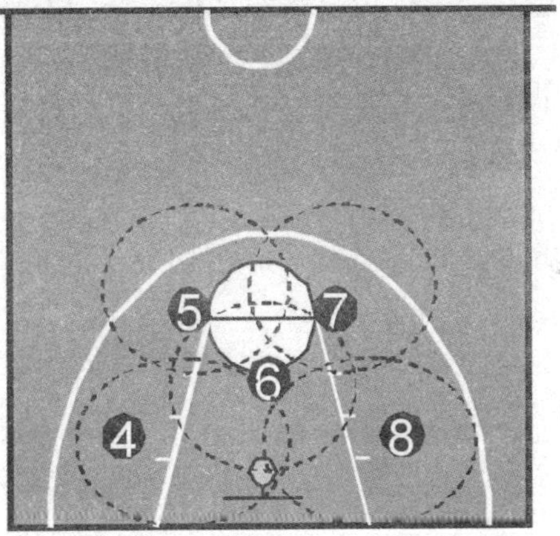

图2－67 “2—1—2”联防

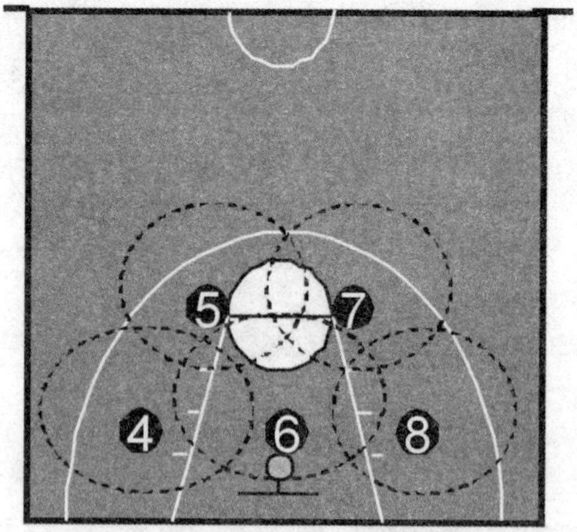

图 2－68 “2—3”联防

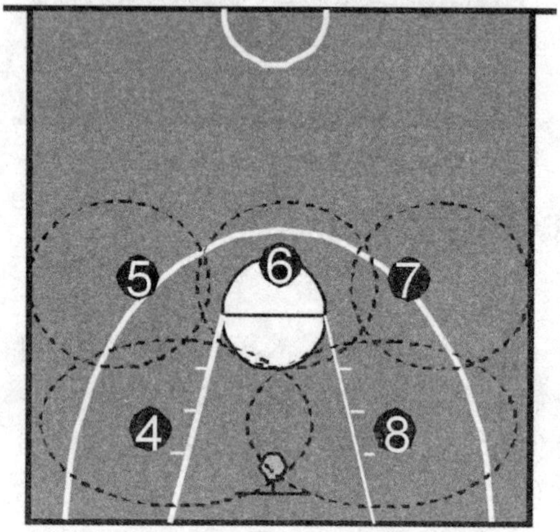

图 2－69 “3—2”联防

2. 区域联防的基本原则

（1）根据区域联防的队形，队员的身高和技术特长，合理地分配队员的防守区域。

（2）在分工负责防守区域的基础上，各防守队员应相互协同行动，形成整体防守。

（3）防守有球队员时，应按人盯人防守的要求进行防守。

（4）防守离球近的无球队员时，要不断调整与选择防守位置，防止对手接球、空切和协同同伴进行关门、补防、夹击等配合。

3. 区域联防的方法（以“2—1—2”联防为例）

（1）由攻转守，快速布阵：由攻转守时，队员要在对方进攻之前，快速退回本队后场，站成“2—1—2”阵形，做好防守准备。

（2）明确任务，分工合作：❹和❺重点防守外围队员突破投篮和围守中锋⑧，做到一人上前一人保护，互相配合，❽要严密监视对方中锋⑧的活动，并严防其他队员插向中区投篮或突破。❻和❼坚守篮下两侧，尽力封锁进攻队员在篮下两侧接球投篮。

图2－70　区域联防时队员分工合作

（3）随球转移，保持队形，做到有球顶人，无球协防：当球在圈顶外⑤手里时，由于⑥和⑦都在防守队的右侧，所以应由❹上前防守⑤，阻挠其投篮或突破。❺稍向左侧移动，❽协助防守⑧，防止⑤传球给⑧。❽稍上提，注意⑧的行动。❻略向左前方移动，准备上去防④。❼向中区靠拢，并注意⑦的活动，在篮下站成三角形，控制位置，准备抢篮板球。

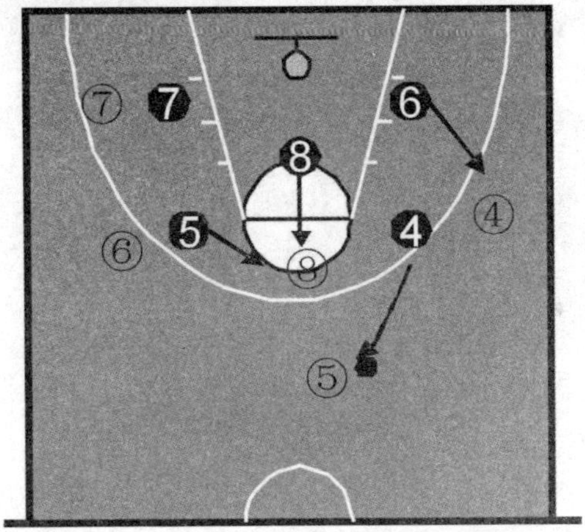

图2－71　区域联防时队员随球转移

（二）进攻区域联防

进攻联防最有效的办法就是利用快攻，趁对方还未返回防守阵地时，以快攻得分。但是任何一支球队都不会轻易让对手打成快攻的，因此，就必须学会进攻各种联防。

在进攻联防时，要针对区域联防主要是每人防守一定区域的特点，集中优势兵力，在局部区域形成人数上的优势，并进行穿插、迂回、声东击西，调动和打乱对方的联防阵型，创造投篮的机会。

1. 进攻区域联防战术阵型

图 2－72　1—3—1 阵型

图 2－73　2—2—1 阵型

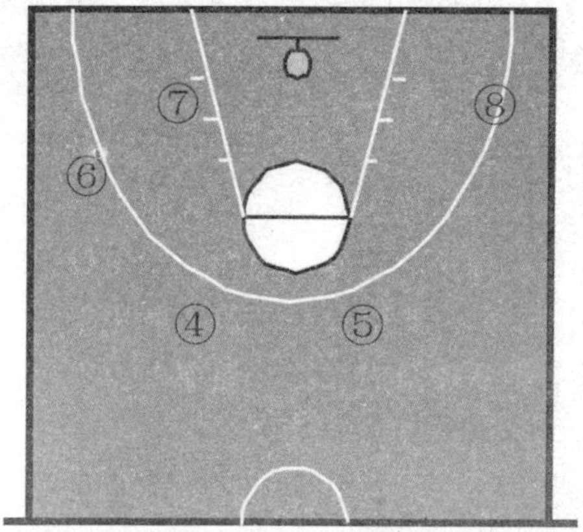

图 2－74　2—3 阵型

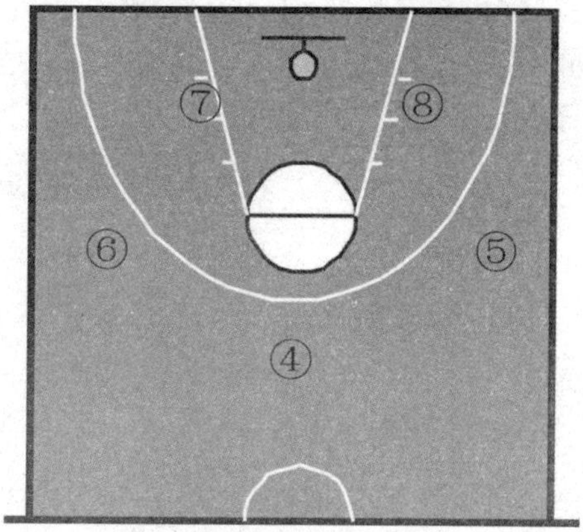

图 2－75　2—2—1 阵型

2. 进攻区域联防的方法

（1）利用快速传球创造中远距离投篮的机会：④⑤⑥⑧之间互相快速传球，调动来回滑动，迫使对方三防四，造成进攻者有一人处于暂时无人防守的局面。这时，要抓住时机，果断而大胆地进行中远距离投篮。

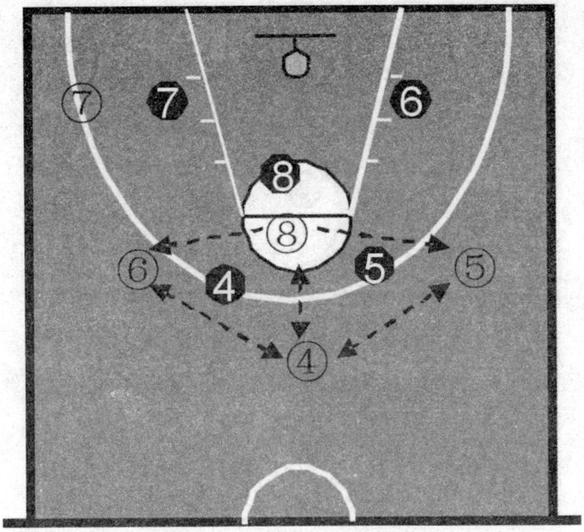

图 2－76　利用快速传球创造中远距离投篮的机会

（2）利用突破分球创造投篮的机会：⑦接⑥的传球以后，也可以从底线突破。如果补防，⑧应迅速横插到中间，这时⑦可用低手传球或反弹球传给⑧投篮；⑦也可以传给⑤，⑤趁防守者尚未滑过来的机会投篮。

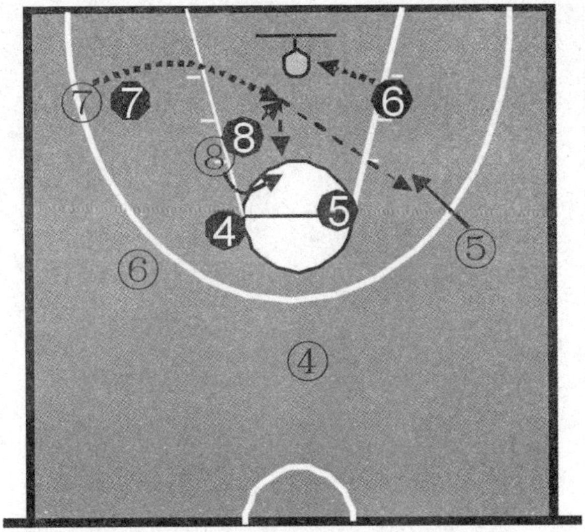

图 2－77　利用突破分球创造投篮的机会

（3）利用掩护创造投篮机会：⑤传球给④以后，快速向篮下空切，并跑到左角。④把球传给⑥，⑦跑到左角做前掩护。⑥把球传给⑤，⑤投篮。

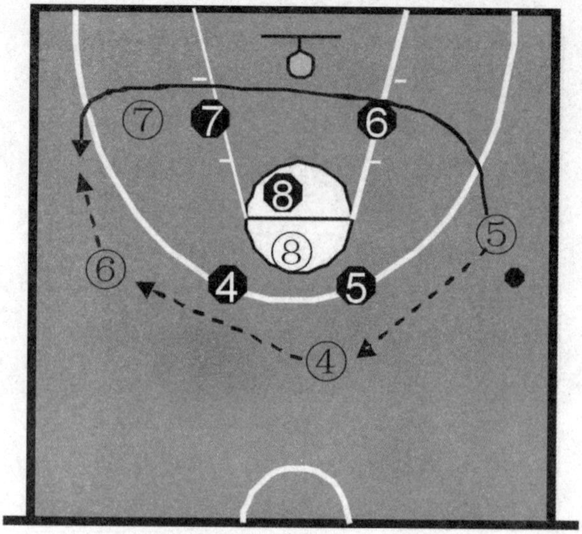

图 2－78　利用掩护创造投篮机会

第三章

时尚篮球运动形式

篮球运动发展至今，出现了多种适合不同人群或不同环境的运动形式，三人制篮球强调快节奏和自由，街头花式篮球强调个性，以及各种篮球竞赛体现出人类智慧与篮球运动的结合。本章着重对以上几种时尚篮球运动形式进行介绍，从而提高读者对篮球的兴趣，促进其更好、更多、更快乐地参与到篮球运动中来。

第一节　三人制篮球

三人制篮球俗称三对三“斗牛”，起源于美国的街头。它只要一块空闲的场地和篮圈就可以随意组成三人一队进行比赛。目前，三人制篮球已经流传到世界上许多国家，并且已经成为一项正式的赛事活动。

20 世纪 90 年代以来，我国各大城市也广泛开展这项活动，在北京、上海、广州以及其他的一些省市已形成一种传统性的篮球赛事，而且盛况空前，形成了集健身与文化于一体的篮球运动大众化的独特景观。它具有普及面广、技巧性高、趣味性强和比赛周期短等特点。

一、普及面广

三人制篮球赛参赛人数可变性大，参赛者年龄可大可小，也可以男女混合。场地设备要求和比赛规则可根据实际情况确定，比赛强度也易于自我调节。由于三人制篮球赛是在半场进行，运用战术和技术不受全场整体攻守战术行动的时空制约，只要两三个人默契组合成简便的攻守配合，就可以完成一次进攻与防守。因此，比赛中个人特长易于得到发挥，攻守行动的活动性大，所以也便于普及推广为大众健身娱乐手段。

图3－1　三人制篮球（一）

图3－2　三人制篮球（二）

二、技巧性高

三人制篮球赛的技术动作是由各种跑、跳、运、传和投等基本技能所组成。以积极争夺控球权为手段，以投篮为目的，双方既同场竞技，又攻守交替，共用一个篮圈，并在同一篮圈下有限的空间进行争夺，技巧性高，其中个人控制和支配球的时间相对增加，技术和战术的应用更具有灵活性。

三、趣味性强

三人制篮球是一项趣味性较强的运动。进攻得分是篮球比赛最佳的自我情绪体验。在三人制篮球比赛中，由于人数减少，攻守面积增大。因此强调得分是三人制篮球赛的重要方面。在战术方法中，两三人间的基础配合作为战术方法的主要内容，不乏趣味和精彩，更能满足和实现参赛选手的自我表现欲望。总之，三人制篮球赛是一项以基础配合为手段、强调得分、充分体现篮球趣味性的运动项目。

图 3－3　三人制篮球（三）

四、比赛周期性短

由于三人制篮球参赛队数多，主办单位往往采用分组循环进行编排，把参赛队分成若干小组，各小组进行单循环赛，排出各小组的名次。如第一阶段的预赛是分两个小组进行单循环赛，那么第二个阶段可把小组前两名编在一组争夺第一到第四名，把小组的三、四名编在一起争夺第五到第八名，其余类推，以此来缩短竞赛周期。

总之，三人制篮球所体现出的健身娱乐休闲等特点深受大众的喜爱。作为一种大众性运动形式和手段，三人制篮球已经引起广大体育健身群体和学校社区民众的重视。通过进一步推广和普及，能够使其为全民健身运动的开展发挥更大的作用。

第二节　街头花式篮球

花式篮球源于美国篮球圣殿纽约市哈林区洛克公园。杂要般的运球，充满想象力的传球和扣篮，与强劲的 Hip - Hop 音乐融合，使花式篮球成为一种极具观赏性和娱乐性的篮球表演。作为一种时尚运动，它讲求风格、自由和创意。挑战篮球极限，展示自我，花式篮球代表对篮球技术和表演的无上追求。它诠释着开放、自由、创造性等最纯正的美国文化。现在中国至少有几百万青少年直接参与其中，欣赏者则不计其数。

一、比赛限制少

花式篮球的比赛场地简易，参赛者不需要统一的比赛服，无论老少男女都可以成为花式篮球的参赛者。比赛规则并没有严格的尺度，只要一名裁判和一名记分员即可。花式篮球表演更是完全抛开规则、场地、人员的限制，身体的任何部位都可以接触篮球。在表演过程中，球员经常邀请球迷观众参与到比赛表演当中，与球迷一起游戏，让球迷参与到投篮、运球、接球等活动当中。

图 3 - 4　花式篮球（一）

图 3－5　花式篮球（二）

二、内容多样、强调个人技术

在花式篮球表演中，扣篮、运球、球绕身体转动等各种技巧应有尽有。另外，花式篮球以娱乐性为主，表演过程中花哨的运球、巧妙的突破以及大力的扣篮可以激起表演者和观众的热情，所以花式篮球不强调防守技术。队员在训练和比赛中往往注重个人技术的训练，战术训练明显较少，仅见于2人3人之间的小配合。

图 3－6　花式篮球（三）

图 3－7　花式篮球（四）

图 3-8　花式篮球（五）

图 3-9　花式篮球（六）

三、观赏性强

花式篮球通常在节奏鲜明的背景音乐如 Rap、Hip-Hop 等音乐的伴奏下展示个人篮球技巧，给人轻松时尚的感觉，观众在观看表演时往往爆发出极大的热情，从而达到情绪宣泄、愉悦身心的效果。花式篮球比赛过程中，球员看重的是个人技术的表演、个性的张扬以及观众对自己技术的认可，谁的技术高超，动作花哨美观就能得到观众的掌声和喝彩。

图 3-10　花式篮球（七）

图 3-11　花式篮球（八）

这些特征使得花式篮球绚丽多彩，扣人心弦，吸引着数百万青少年，他们如痴如醉，酷爱篮球，形成“街球一族”，他们把篮球作为展现自我的手段。

哈林巫师花式篮球队

代表世界最高水平的哈林巫师花式篮球队（前身是哈林环球者队）创立于1962年。几十多年来，哈林巫师队每年都要周游全球，为数百万球迷带去令人激动的表演。通过篮球、舞台表演和无与伦比的演出技巧的完美结合，哈林巫师队正在将篮球带到一个新的境界。在美国，几乎哈林的所有比赛都是公益活动，挣得的钱会全部捐给慈善机构。他们没有很古怪的装束，有的只是最好的篮球技术和谦逊的笑容。他们不会拒绝任何球迷签名或合影要求，他们保持着与世界球迷最好的友谊。

第三节　不同制式的篮球竞赛形式

一、三分投篮比赛

篮球比赛是以投篮命中得分多少决定胜负的，准确、优美的三分投篮技术常激动人心，使场上与场下的运动员及观众和谐地形成比赛高潮，给人以巨大的鼓舞与愉悦。组织三分投篮赛能够促进并提高投篮的准确性，增加篮球比赛活动的内容，增加观赏性、娱乐性和趣味性。

三分投篮比赛的规则与方法如下：

（1）在三分区外两边0度、45度与正中弧顶共设置五个投篮架，每个架上放置4个普通球和1个彩球。队员从一侧0度开始，依次投出4个普通球和1个彩球。第一位置区投完后移至第二位置区，依次将 5 个区的 25 个球投出。

图 3－12　三分投篮比赛

（2）要求在 1 分钟内将 25 个球投完，到时未投完的球不能再投。

（3）投中一个普通球得 1 分，投中一个彩球得 2 分，总分为 30 分。

（4）比赛采用预、决赛办法。预赛得分多的前三位进入决赛，决赛时得分多者名次列前，取前三名给予奖励。

NBA 的三分球投篮大赛是全明星周末的新项目，邀请 8 名前半个赛季三分球命中率最高和投入三分球最多的球员参赛。

二、扣篮比赛

运动员身体素质的提高，尤其是弹跳与身体滞空能力的增强，为在高空运用不同姿势和手法进行扣篮创造了物质保障。在篮下扣篮不仅得分率高，而且难以防守，容易造成对方犯规，而巧妙配合下的高空接球扣篮更具观赏性。组织扣篮比赛不仅是为了推进扣篮技术的发展，更重要的是鼓励运动员增强全面的身体素质，推崇创新精神，推动篮球运动向更高、更强、更美的方向发展。

图 3－13　扣篮比赛

扣篮比赛的规则与方法如下：

（1）运动员在半场内任何一个位置和从任何一个角度运球起动，按正常步伐腾空扣篮、打板后空中接球扣篮、运球反弹跳起接球扣篮、反扣、正扣、单手扣、双手扣，以及在空中变换动作或换手扣篮均可，只要是规则允许的动作，不带球走、不两次运球违例。

（2）扣篮比赛分为预赛和决赛。预赛每位队员扣篮 3 次，以得分高的一次为预赛得分。预赛得分最高的三位参赛者可晋级决赛。决赛中每人有两次扣篮机会，也只计其中成绩最好的一次。

（3）5位专家组成的裁判组对每位运动员的扣篮动作进行技评评分。技评依据弹跳的高度，空中滑行的远度，动作的难度，完成动作的难确度、力度、伸展度以及美感等综合评分。满分10分，参赛者最高可得50分。

2005—2009 年历年 NBA 扣篮大王

图3－14　2005年丹佛，约什·史密斯（Josh Smith），亚特兰大老鹰队

图 3－15　2006 年休斯敦，内特·罗宾逊（Nate Robinson），纽约尼克斯队

图 3－16　2008 年新奥尔良，霍华德，奥兰多魔术队

图 3－17　2009 年菲尼克斯，内特·罗宾逊，纽约尼克斯队

三、双人投篮比赛

双人投篮比赛是投篮比赛的另一种形式，它将远投、中投、近投和不同位置、不同角度综合起来进行投篮比赛，目的是为了推动投篮技术的提高和增加趣味性、观赏性。双人投篮比赛讲究技术与合作精神，同时也是一种很好的投篮训练方法与考评运动员投篮技能的方法。

双人投篮比赛的规则与方法如下：

（一）轮转比赛法

（1）在半场范围内，在限制区与三分线内外不同位置画出七个圆圈，如图所示。

图 3－18　轮转比赛法位置划分

（2）比赛时每队由一男一女组成，两人投篮得分之和即为该队的得分。

（3）比赛开始前，女队员在①区，男队员在⑦区。比赛开始，女队员在①区投篮，自投自抢后将球传给⑦区的男队员投篮，男队员自投自抢后将球传给跑入②区的女队员投篮，女队员自投自抢后将球传给跑入⑥区的男队员投篮，依次轮流，共投篮 1 分钟。①区投中得 1 分，⑦区投中得 3 分，其他各区投中得 2 分。

（二）投篮比赛法

（1）在半场的七个圆圈内设定不同的分数，分值分别为 1、3、5、7、9、11、13。

图 3－19　不同圆圈内的分数设定

（2）运动员可在任意一圆圈内投篮，投篮后自抢，然后将球传给跑到任一圆圈内的同伴。同伴投篮后自抢，依次进行投篮至1分钟结束。

（3）运动员在哪一圈内投篮，投中即获得相应的分数，两人得分之和即为本队得分。得分高者名次列前。

在美国NBA联赛过程中，有时也安排一些有巨额奖金的各种名目的比赛，比如幸运观众比赛、中圈投篮比赛等，主要是为了使比赛更加丰富、活跃、吸引观众。

附：三人制篮球赛比赛规则

三人制比赛，每队三人出场，另有一名替补队员。比赛分为上、下半场。每半场7.5分钟或者10分钟，也有采用先得22分为胜的方法。场上设三分区，在三分线内投中得2分，在三分线外投中得3分，罚球命中得1分，比赛中不得扣篮。比赛规则三人制比赛，目前国际上尚未统一比赛规则，中国篮球协会于1999年颁布“三对三”篮球竞赛规则（试行）：

1. 场地

标准的半个篮球场地（14米×15米），或按半场比例适当缩小（长度减2米，宽度减1米），地面坚实，场地界线外有1.5~2米的安全地带。

男子成年及女子高中以上、男子初中以上（含初中）青年组的球篮高为3.05米，女子初中及男子小学组的球篮高为2.08米。

2. 工作人员及职责

设1~2名裁判员和1名记录员。

裁判员和记录员着装一致，但其颜色、款式应区别于运动员。

裁判员是比赛中唯一的宣判和终决人员，负责在记录表上签字。

记录员兼管计时、记分，记录两队累积的分数（包括投篮和罚球的得分）、全队及个人犯规次数以及比赛时间，并按规则要求宣布比赛进行的时间和比分。

3. 除下列特殊规则外，比赛均按照当年最新国际篮球规则执行

（1）比赛双方报名为4人，上场队员3人。

（2）比赛时间。初赛、复赛不分上、下半时，全场比赛10分钟（组织者可根据参赛队多少修订时间为12或15分钟）。比赛进行到5分钟和9分钟时，计时员各宣布一次时间。10分钟内双方都不得暂停（遇有球员受伤，裁判员有权暂停比赛1分钟）。决赛分上、下两个半时，每半时8分钟，上半时之后休息2分钟再进行下半时。

（3）比赛开始，双方以掷硬币的形式选发球权。

（4）比赛开始和投篮命中后，均在发球区（中圈弧线后）掷球入场，算作发球。

（5）每次投篮命中后，由对方发球。所有犯规、违例及界外球均在发球区发球，发球队员必须将球传给队友，不能直接投篮或运球，否则为违例。

（6）守方队员断球或抢到篮板球后，必须迅速将球运（传）出三分线外方可组织反攻，否则判违例。

（7）24 秒违例的规则改为 20 秒。

（8）双方争球时，争球队员分别站在罚球线两侧跳球。

（9）比赛中，允许每名队员三次犯规，第四次犯规罚出场权犯规，则取消该队比赛资格。

（10）每个队累计犯规达五次后，该队出现第六次及以后的侵人犯规均由对方执行两次罚球。前五次犯规中，凡对正在做投篮动作的队员犯规时，如投中，记录得分、对方个人及全队记犯规次数，不追加罚球，由守方发球；如投篮不中，则判给攻方一次罚球，罚中得 1 分，并由攻方继续发球。如罚球不中，由攻方发球。

（11）只能在死球的情况下进行替换，被替换下的队员不能重新替换上场（场上队员不足三人时除外）。

（12）比赛中，队长是场上的唯一发言人。

（13）比赛时间终了，以得分多者为胜方。如出现平局，初赛及复赛阶段执行一对一依次罚球，只要出现某队领先 1 分时即为胜方，比赛结束。如果在决赛阶段，比赛时间终了，双方打成平局，则加赛 3 分钟，发球权仍以掷硬币的形式决定。如果加时赛仍打成平局，则以一对一依次罚球的形式决胜，某队领先 1 分即为胜方，比赛结束。

（14）在使用小篮架的比赛中，不允许队员出现扣篮动作，绝不允许队员将身体任何部位悬挂于篮圈（或篮架）上，否则可判罚离场并不能再替换进场。

（15）比赛中应绝对服从裁判，以裁判员的判罚为最终决定。

此规则适用于我国各种级别的三对三比赛，解释权归属中国篮球协会。

第四章

篮球运动快乐速成途径

把枯燥的练习过程快乐化，把单一的练习方法多样化，这就是我们倡导的快乐篮球练习法。本章将枯燥的篮球练习寓于生动、活泼的游戏当中，力求使学生在欢快的笑声中掌握和提高篮球各项基本技术及配合意识，使学生真正享受到篮球运动所带来的欢乐。

第一节　移动技术快乐速成途径

你追我赶

【目 的】提高学生的起动速度，发展快速奔跑能力。

【场 地】篮球场一个，或平整空地一块。

【方 法】学生分成人数相等的两队前后排站立，后排位于球场端线上，前排与之相距约2～3步（如图4－1）。教师发出“开始”信号后，两排同时起动，后排在前排跑过中线（或另一端线）前拍击（或抓住）对方者为胜。然后反过来，前后排交换位置，一个回合后计算双方被抓（或被拍击）到的人数多少，少者为胜。

【规 则】

1. 必须抓住或拍击到对方才算有效；

2. 前排跑过中线（或另一端线）未被后排抓住或拍击到为安全；

3. 后排只能抓或拍击前排的对应队员，不能另抓别人或推、拉人，否则抓住无效。

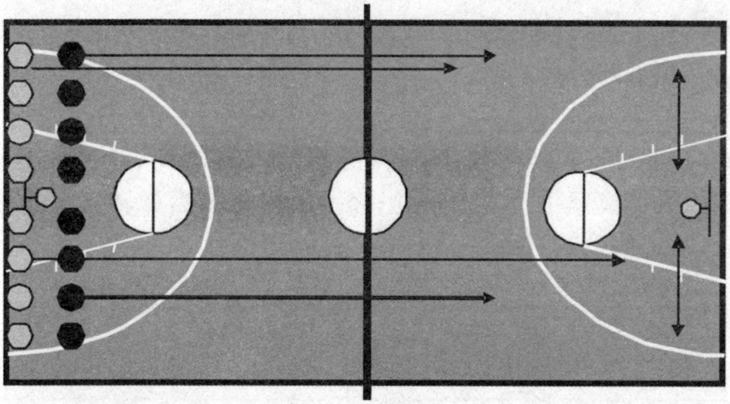

图4－1　你追我赶

网鱼

【目 的】训练灵敏反应和脚步动作的灵活性，培养协同一致的配合能力。

【场地器材】篮球场一个，或平整的空地一块。

【方 法】在篮球场上进行，先指定两名队员担任渔网，其他人在场内可以任意跑动。游戏开始，担任渔网的两名队员手拉手在场内跑动设法用手触及其他人，被触到者加入渔网队伍，如此渔网逐渐扩大，直至场上剩下最后一名，游戏结束。

【规 则】

1. 渔网不得松散，如松手触到人不算；

2. 不得离开球场跑动，被迫出界按触到论。

绕“8”字跑

【目 的】提高学生侧身跑技术和快速奔跑能力。

【场 地】篮球场一个，或平整的空地一块。

【方 法】把学生分为人数相等的甲、乙、丙3队，成3列横队站立于同一边线外（如图4－2所示）。游戏开始，每队各出一名队员分立于场上三个圆圈（中圈、罚球圈）的线外，三人按同一方向（顺或逆时针）绕这三个圈做“8”字跑动，相互追逐，在规定的时间内（每次约20～30秒）追到对手者为本队得一分；然后换上各队第二名队员进行同样的追逐，直至游戏结束，得分多的队为胜。

【规 则】

1. 绕圈“8”字跑时不得踩圈线，否则触拍到对方无效；

2. 必须按规定路线追拍，三人在交叉时相互触拍到对方无效；

3. 手触及对方即为触拍到。

【建 议】

可采取多种跑动形式，例如：1. 侧身跑；2. 后退跑；3. 右手搭左肩或左手搭右肩；4. 单手或双手背在身后跑；5. 听到鸣哨后做转身360度后跑；6. 原地纵跳若干次，听到哨声后跑。

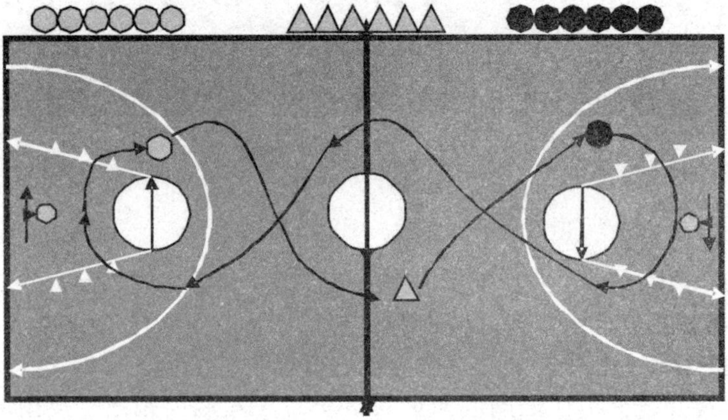

图4－2 绕“8”字跑

醉汉大接力

【目 的】训练学生跑动中急停、转身、侧身跑、变向跑动作，提高不同动作间的快速衔接能力。

【场 地】篮球场一个。

【方 法】在同一半场的地上分别画出三个相互交错的标志点“T”（如图4－3所示），把学生分成人数相等的两队，站立于同一端线后。游戏开始，各队排头快速起动，每到一个标志点前做急停、后转身，到中线的最后一个标志点做急停转身后接后撤滑步，滑至前场有一脚踩端线后，立即起动沿边线外作侧身跑返回原起点，击本队第二人的手后，自己返回本队队尾；以后按顺序全队每人逐一做一次，以先完成的队为胜。

【规则】

1．必须按规定动作进行，否则判其重做一次；

2．必须有一脚踩中线或端线才能变换动作，否则判其重做；

3．返回后必须由前一人对后一人击掌后，后一人才能起动否则返回重做。

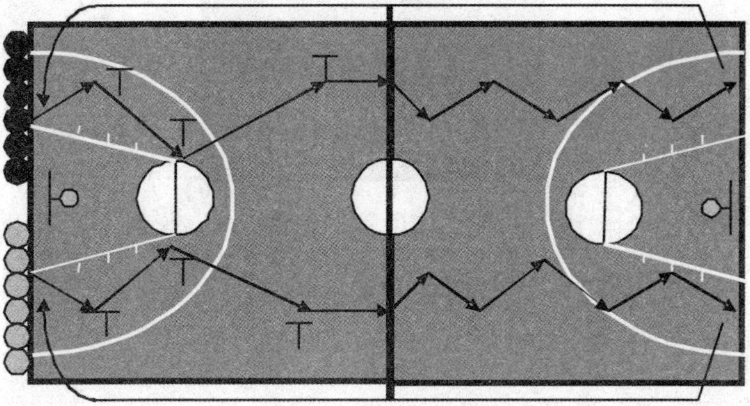

图 4－3　醉汉大接力

达阵得分

【目 的】提高学生快速跑动中急停、转身的衔接能力。

【场地器材】篮球场半个，篮球四个。

【方 法】把篮球场的半个场地视作垒棒球场地，其四个角则视为垒棒球的四个“垒”，以各个角为圆心，约 50 厘米为半径画“一个半弧”为“踩垒点”。把学生分成人数相等的四个队，分别站立于四个“垒”的后面约 2 米处，成纵队面向场内站立；各队排头各持一个篮球并以一脚踩“垒”准备起跑。教师鸣哨后各组排头都按逆（或顺）时针方向持球快跑，直到跑完四个“垒”，回到原“垒”位把球交下一个队员继续同样的跑动，直到全队轮完；先轮完的队为胜。

【规 则】

1．跑“垒”的人必须在每个“垒”前做急停，或转身，或变向跑动作，并把四个“垒”都踏完，不得漏踏；如果超越前面的人，必须从外围绕过去，不得从内线穿插过去；

2．没有轮到的队员都要在“垒”线外，不得妨碍跑“垒”人的跑动；

3. 接力用的球必须手递手交给接力的人，不得抛掷传递；

4. 中途掉球允许捡起来继续比赛；

5. 凡违反上述规则1～3条者，判其重跑一次。

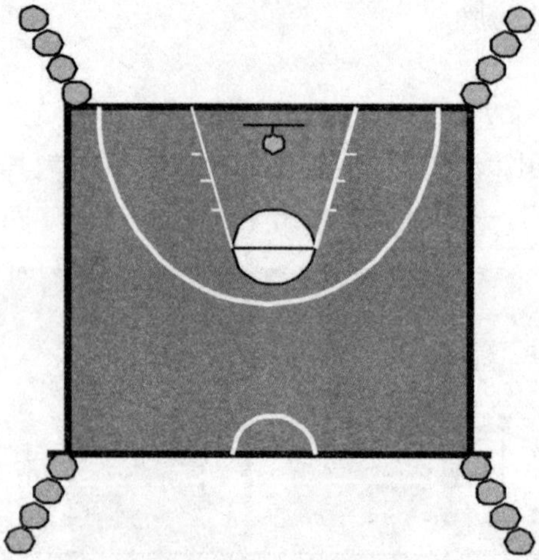

图4－4 达阵得分

你拍我闪

【目 的】提高学生攻防反应速度和脚步移动的灵活性。

【场 地】篮球场一个，或平整的空地一块。

【方 法】学生两人一组成基本攻防姿势站立，可前、后、左、右移动，相互拍打对方的肩（或背、小腿），同时可用各种方法移动躲闪对方的拍打；拍到对方一次得一分，在规定时间内得分多者获胜。

【规 则】

1. 只能拍打规定的部位（例如：肩、背、小腿），否则拍打到无效；

2. 不能用一手抓住对方另一手拍打，只能用脚步移动的方法进行躲闪和还击。

二人攻防战

【目 的】训练学生攻防步法移动的综合运用能力。

【场地器材】篮球场一个，篮球一个。

【方 法】在球场中圈内画一个直径为1米的同心圆，把一个篮球放于该圆圈内。把学生分为人数相等的甲、乙两队，各成横队站立于两边线外。游戏开始，双方各出一人，先由甲方为进攻，乙方为防守；鸣哨后，甲方队员运用各种步法设法摆脱乙方队员的防守，进入中圈抢球；乙方队员则同样运用各种步法防住对手，不让其进入中圈抢球；在 30 分钟以内，甲队员抢到球得 1 分；反之，抢不到球乙方得 1 分；然后双方第二名队员进场，交换攻守后以同样方法抢球……如此重复进行，直到每人均做一次后，计算双方积分，积分多的队为胜。

【规 则】

1. 进攻队员只能用各种脚步动作摆脱对手去抢球，否则算对方直接得 1 分；
2. 防守队员同样不得推、拉对方，否则算对方直接得 1 分；
3. 只能在中圈周围 5 米范围内跑动，否则双方均不得分。

第二节　传、接球技术快乐速成途径

织布穿梭

【目 的】使学生掌握传、接球基本动作方法和基本技能。

【场地器材】篮球场一个、篮球两个。

【方 法】把学生分为人数相等的两队，每队又分为甲、乙两组，甲组站在罚球线延长线后，乙组站在端线外。两队的甲组排头各手持一个球。游戏开始，两队乙组第一人接甲组第一人传来的球，并把球传给甲组第二人。自己回到对面组队尾，甲组第一人传球后也回对面组队尾；然后甲组第二人、乙组第二人、甲组第三人、乙组第三人……依次按同样的方法传接球，在规定时间内传球次数多者为胜。

【规 则】传球出手时不得踩线，不能边传边跑。传球方法可用双手胸前、双手头上以及反弹、体侧传球。

图 4－5　织布穿梭

流星穿梭

【目 的】熟悉球性，提高原地传接球的速度、准确性和动作质量。

【场地器材】篮球场一个，篮球两个。

【方 法】把学生分为人数相等的两队，每队又分为甲、乙两组，两组间相隔 3～4 米，相向而立，每队的甲组排头队员手持一个球。游戏开始，两队甲组排头（甲 1）同时把球传给本队乙组第二人（乙 2），乙组第二人（乙 2）把球传给甲组第三人（甲 3），甲组的第三人（甲 3）把球传给乙组第四人（乙 4）……如此反复穿梭，球先返回排头的队为胜。

【规 则】

1. 只准用规定的传接球方式进行传接球，否则获胜无效；
2. 传接球失误，从失误处继续传下去，否则获胜无效。

【建 议】可规定以下传球方式：

1. 双手胸前传球；
2. 单手肩上传球；
3. 原地或跳起双手头上传球；
4. 体侧传球；
5. 反弹传球；
6. 单或双手低空传球。

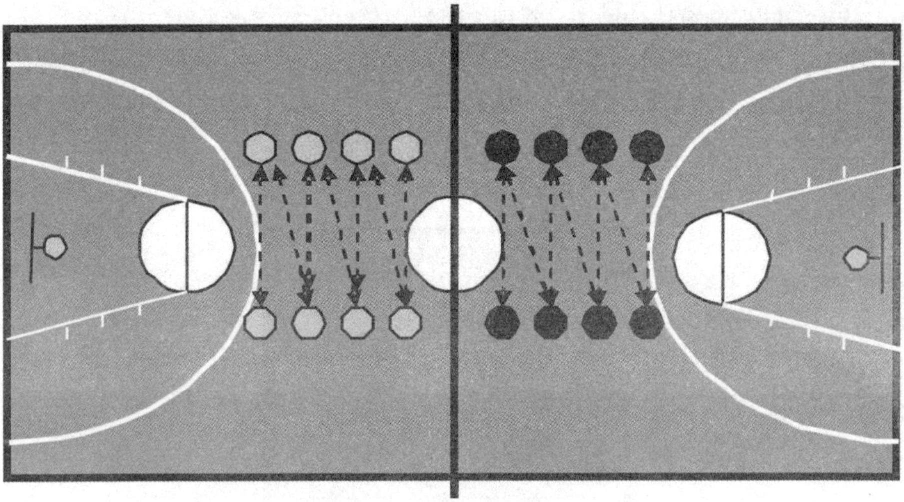

图 4－6 流星穿梭

泾渭分明

【目 的】提高学生快速传、接球的能力。

【场地器材】篮球场一个或平整的空地一块，篮球两个。

【方 法】把学生分为人数相等的两个队，相互交错站成一个圆圈，圆圈的直径为 10 ~ 12 米，每队各出一人手持一球背对站立在圆圈中央，游戏开始，圆圈中的队员按同一方向传球给本队每一个人，该队的队员接球后又把球回传给圈中人，连续进行两队所传的球互相追球，超越对方的队为胜。

【规 则】

1. 圈中人只能在中圈内移动并逐一把球传给本队同伴；
2. 任何人不得故意干扰对方传球，否则算失败；
3. 传球失误或违规均算该队失败。

【建 议】可视学生的情况：

1. 规定传球方向或具体要求；
2. 改为不围圆圈站立的队形，以同样方法进行游戏。

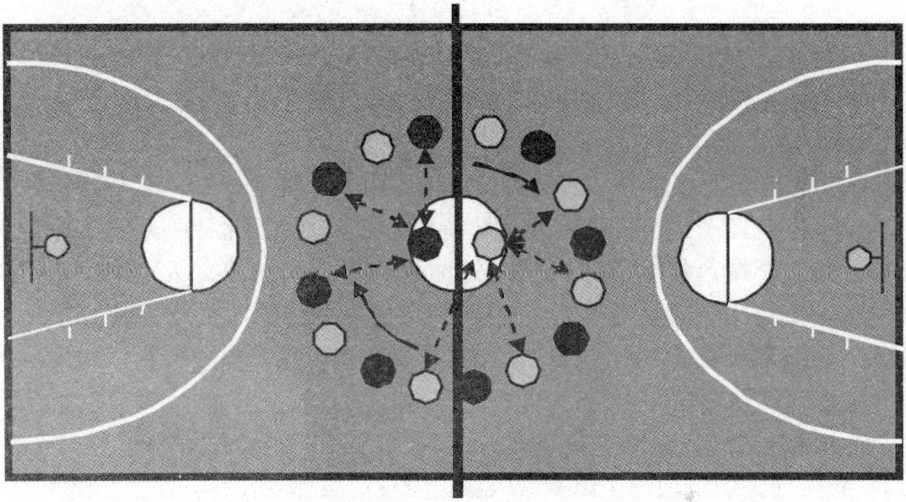

图 4－7　泾渭分明

螃蟹传球

【目 的】使学生在快速移动中熟练双手胸前传、接球技术提高移动中传、接球时的手脚协调性。

【场地器材】篮球场一个，两人一个篮球。

【方 法】交叉步的步法：两脚左右开立约与肩同宽，向右交叉时，左脚经体前跨步落右脚的右侧，同时右脚向右迈一步成原姿势站立；向左交叉步移动的动作相同，方向相反。游戏开始，甲、乙两人约定甲持球原地不动，乙先做交叉步移动；乙向右交叉一步移动时，在他的右脚落地的同时，甲传出的球到乙的手。在原地把球回传给甲，同时做向左的交叉步移动，在他的左脚落地同时，甲传出的球到乙的手，乙再次把球回传给甲。如此循环下去，在规定的时间内比赛交叉步传接球次数的多少，多者为胜。

【规 则】

1. 必须按规定步法和传、接球方法进行比赛，否则无效；

2. 计算次数方法以移动者的一接一传为一次计算；

3. 传接球失误，从失误处重新再计算。

【建 议】

1. 可改为规定传、接球次数，先完成的为胜；

2. 可改为以先计算全队中个人（或组）胜负次数，胜者得 1 分，然后把个人（或组）的得分累加，得分多的队名次列前。

四方运粮

【目 的】提高学生在跑动中传、接球能力和准确性。

【场地器材】篮球场 1 个，篮球 8 个。

【方 法】把学生分为甲、乙两队。每队各用半个场地。甲、乙两队又各自分为 A、B、C、D 四个小组，各组分别站在半场的四个边角上成一路纵队，排头各手持球。游戏开始，各组持球人同时把球传给下一组的第二人（即 A1 传 B2、B2 传 C2、C1 传 D2、D1 传 A2）并在向前跑动中接他的回传球传给对角一组的第三人，自己跑到该组队尾；如此循环进行，直到出现其中一队有一次传球出现失误；先失误的队为负。

【规 则】

1. 传接球失误包括传接球本身失误、带球或运球等；

2. 只准用侧身跑，其跑动路线是弧线，不得跑对角线。

【建 议】

1. 可先让队员试做几次再正式开始；可先从一个球逐步增加到四个球；

2. 可双方集中在半场内，轮流进行对抗赛；

3. 可在同一半场内两队分先后进行，传一次算一次计算成功次数，出现失误重新计算；在规定时间内成功次数多的队为胜。

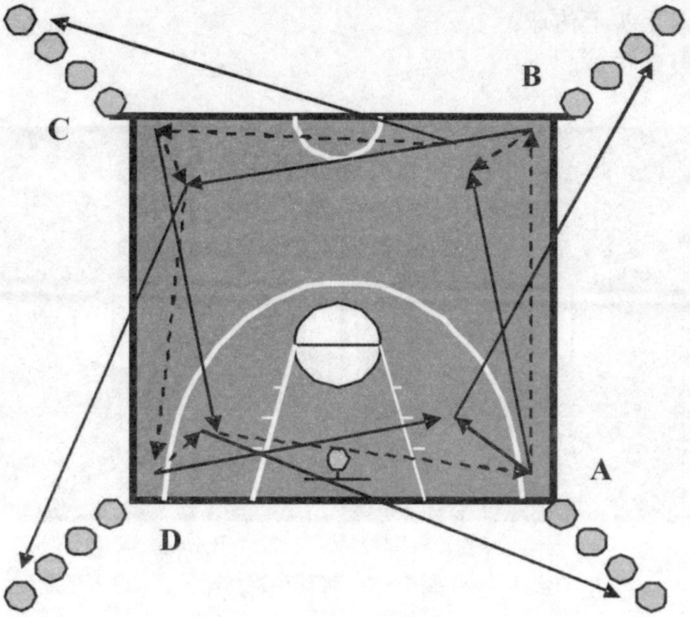

图4-8　四人运粮

带球巡逻

【目 的】发展学生传接球与其他技术结合运用的能力。

【场地器材】篮球场1个，篮球4个。

【方 法】把学生分为人数相等的四队，分别成纵队面向中圈站立于球场的四个场角，各队排头手持一个球。游戏开始，四队排头同时起动向中圈运球，运至中圈后，立即转身用规定的传球动作把球原地传给本队第二人，然而返回本队队尾；第二人在原地按球后以同样方法运至中圈再把球传本队第三人，如此连续下去，直至全队每人做完一次，以速度最快的队为胜。

【规 则】

1. 传球人必须运球至双脚进入中圈才能把球传回本队下一人，且必须是原地传球，否则为传球失误；

2. 接球人必须站在以场角为圆心、以50厘米为半径所画的半弧内接球，离开该半弧即为失误；

3. 传、接球失误判其该次传、接球无效，由失误的两人在最后重做一次。

【建 议】可指定以下传球方式为规定传球方式：

1. 原地双手胸前传球；

2. 原地单手肩上传球；

3. 原地双手头上传球；

4. 原地反弹传球。

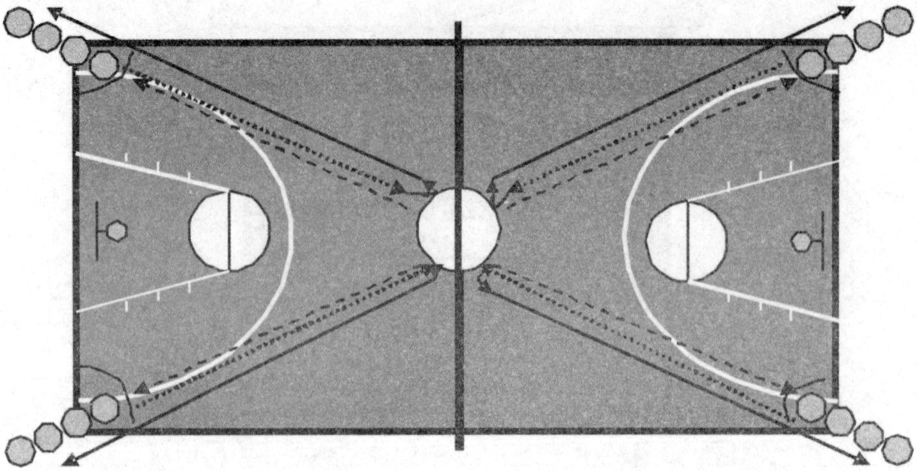

图 4－9　带球巡逻

四人二球

【目 的】提高学生快速、准确的传、接球能力。

【场地器材】篮球场一个、篮球若干个。

【方 法】在篮球场上根据队员的人数画几个边长为 5 米的正方形，将队员分成四人一组按图所示的位置，在正方形的各顶点后站好。由对角的两个队员各持一球。教师发令并开动计时表后，持球队员按逆时针旋转分别将球传给未持球队员，如此不断地循环传接。在 3 分钟内以传、接循环的次数多少定各组的名次。

【规 则】

1. 队员必须按教师所规定的动作进行传、接球比赛，不得任意更改动作；

2. 队员如发生传球失误，必须将球捡好站到失误的位置后才能重新开始传球；

3. 在传、接球的过程中，队员不得跑进正方形内，否则这次传出的球不能计为传、接球的次数。

【建 议】

1. 游戏开始前教师应对学生说明传、接球的动作要领，并教育学生遵守规则，按教师指定的传球方法进行传、接球；

2. 对传、接球基本功较好的队，教师可以规定用跳起空中传、接球的方法进行，以提高动作的难度；

3. 根据需要可规定传、接若干轮后计算团体总分；

4. 每组至少应有一位队员担任裁判工作，裁判工作要轮流担任。

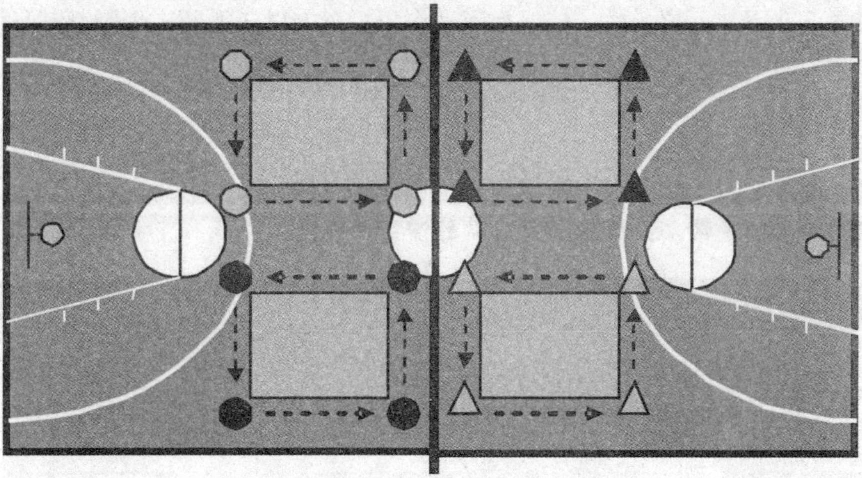

图 4-10 四人二球

篮球打保龄

【目的】提高学生在快速移动中传、接球技术的准确性和运用能力。

【场地器材】篮球场一个，篮球一个。

【方 法】在球场四角分别备画两条平行线，使四个角成为四个大三角形，其中内线与外线相距约 1 米，该四角视为“禁区”。把学生分为人数相等的两队，每队为 7～10 人，另外每队选出四人分别站在四个角上，每角双方各一人交错站立。

游戏开始，双方各一人在中圈跳球后，得球的一方通过相互传接球组织进攻，力求把球“投”给站在四个角的“禁区”内的本方队员，在该角上的对方队员则可用各种防守方法协助本队同伴不让有球一方把球“投”给该角上的对手。得球一方在角上的队员每得一球得一分，得分后由对方掷端线界外球继续比赛。如果球被对方在角上的队员获得则由得球队员在原地（场内）掷球继续比赛；如果球在进攻过程中被对方截获，则应如篮球比赛一样由截获球的队发动反击继续比赛。在规定时间内以得分多的队为胜。

【规 则】

1. 只准传球，不得运球，否则球交对方掷任意球继续比赛；

2. 除规定在场角上的队员外，双方任何队员不得进入划定的“禁区”，否则攻防双方得分或得球无效；

3. 有球一方四个角上的队员只要接到从场内“投”来的球均有效，但若从球场界线外把球“投”给该队队员则判其违例，由对方掷界外球继续比赛；

4. 不准用推、拉、拦、拌、抱等动作阻拦对方以获得球，否则判其犯规；

5. 凡出现违例判由对方在违例地点掷任意球继续比赛；凡出现犯规，直接判给对方一分后，由犯规队掷界外球继续比赛。

【建 议】

1. 可改为四个队各占一个场角进行比赛的方法；

2. 如参加人数多，可多分几支队轮流进行比赛。

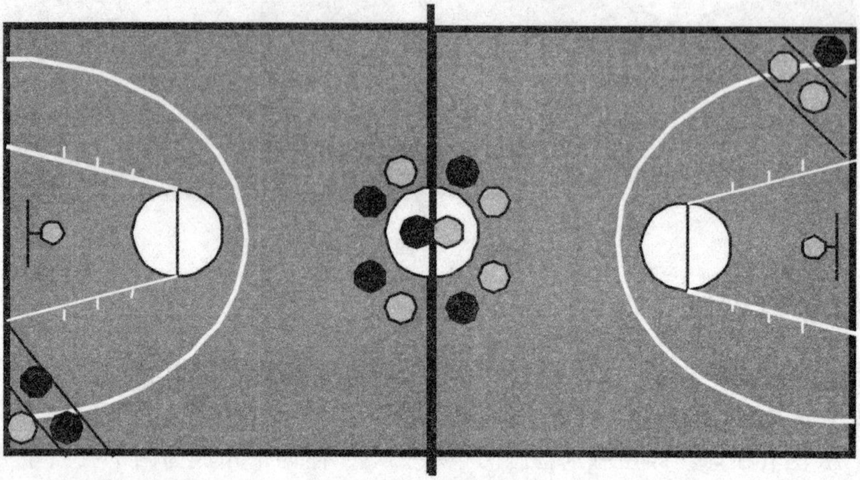

图 4－11　篮球打保龄

第三节　投篮技术快乐速成途径

轮番射击

【目 的】提高学生原地投篮技术动作的质量和命中率。

【场地器材】篮球场一个，篮球两个。

【方 法】把学生分成人数相等的两队，两队面向球篮成纵队站立于罚球线后，排头各手持一个篮球。游戏开始，各队从排头开始依次罚球（可规定或不规定投篮方式），无论投中与否都由投篮队员自己去抢篮板球传给下一个队员，如此循环下去，直到规定时间到，累计投中个数，投中个数多的队为胜或完成规定的投中个数，先完成的队为胜。

【规 则】按篮球比赛的罚球规则执行。

扇形夺标

【目 的】帮助学生在不同角度的投篮中改进技术动作。

【场地器材】篮球场一个，篮球两个。

【方 法】以球篮中心到地面的交接点为圆心，以此圆心到罚球线的距离为半径画两个半圆弧线，构成投篮升级比赛区线。在此区线上画 A、B、C、D、E 五个标志点，分别与球篮成 0 度、60 度、90 度（除 90 度角外，其余两点均为左、右两侧各一点）为“升级点”。把学生分为人数相等的两队，分别成纵队站立于左、右两边的 0 度角上，排头各持一球。游戏开始，两队自排头起依次按规定要求进行投篮，逐一投完五个点，先回到原起点的队为胜。

【规 则】

1. 只能按规定要求（例如投篮动作方式、命中次数、规定时间等）进行投篮，否则投中无效；

2. 只能脚踩标志点或在标志点后进行投篮，否则投中无效。

【建 议】

1. 如参加的人数多，可多分几个队，或在两个半场同时进行，或采用淘汰赛，或采用擂台赛的方法进行比赛；

2. 可规定或不规定具体投篮方式；

3. 可规定每个点上的投中次数，或连中次数，或全队累加次数为投篮的具体要求，进行比赛。

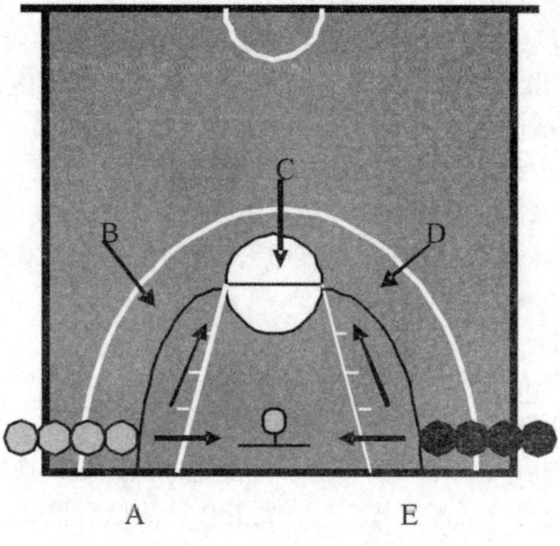

图 4－12　扇形夺标

三心二意

【目 的】磨炼学生的投篮基本功，在快速投篮出手中扩大视野，提高其命中率。

【场地器材】篮球场一个，每三个人两个篮球。

【方 法】在半场范围内，以球篮中心与地面的交接点为圆心，以此圆心到罚球线的距离为半径画一个半弧线，此线以外即为比赛的“投篮区”。把全体学生分为甲、乙、丙三人一组的若干组，其中甲、乙各手持一个球，丙位于规定的投篮点上准备，三人均可在规定的投篮区内任意移动。游戏开始，两持球队员在投篮区范围内自投自抢，并把球传给无球的第三人，例如甲投篮出手并抢到篮板球后迅速把球传给丙、丙传给乙投篮并抢到篮板球后迅速把球传给甲、丙接甲的球后迅速投篮并抢到篮板球后则迅速把球传给乙。如此反复循环，直到规定时间到，计算该组的三人累计投中次数，然后再换上下一组以同样方法进行。直到所有的组都做一次后，以在同样时间内投中次数多的组为胜。

【规 则】

1. 三人都必须是自投自抢，其他人不得帮忙，否则投中无效；
2. 传、接球失误要由失误者把球捡回并从失误处继续进行。

换球上篮接力

【目 的】提高快速跑动中运球上篮的能力。

【场地器材】篮球场一个，篮球四个。

【方 法】在球场中线和端线交接点约与边线相距 2 米的内侧处的两端各放一个篮球。在与该球相对的两端线上各再放一个篮球；把学生分为人数相等的两队，分别站在两端线的后方，面向场内。游戏开始，两队第一人首先起动跑向中线，用单手把放在中线地上的球运起来并继续运至篮下上篮，投中后把此球放在端线上，然后把原来放在端线上的球运至中线放好，跑回原出发点的端线击下一同伴的手，下面的队员按同样的方法进行，直到全队每人做一次，速度快的队为胜。

【规 则】

1. 前一个队员击掌后，后一个队员才能起动；
2. 必须在中线把“死”球运“活”才能继续前进；
3. 必须投中篮后（投不中要补中）才能把球放回端线换球返回；
4. 违反上述规定，运球上篮无效，罚其在该队最后重做。

【建 议】

1. 可改为在规定时间内投中多的队为胜；

2. 每次比赛要调换游戏方向，或要求去时左手运球、回时右手运球，使左右手都能得到锻炼；

3. 可根据学生实际情况，规定或不规定上篮方式。

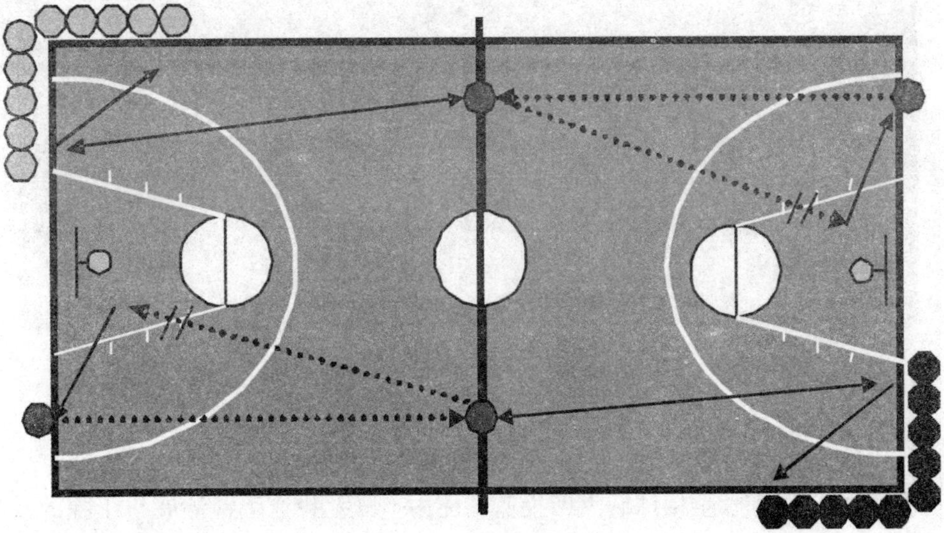

图 4－13　换球上篮接力

神射手挑战赛

【目 的】提高学生中、远距离投篮技能。

【场地器材】场地一块、篮球若干个。

【方 法】在每半场与篮板成 0 度、45 度、90 度的 5 个方向、距篮 4 米在 5 个方向上设 5 个投篮点，距篮 5 米在 3 个方向上设 3 个投篮点，3 分线外在 2 个方向上设 2 个投篮点。将学生平均分成两组，分别列队于各自球篮左侧 0 度投篮点的后面，每人一球或每组 4 个球。听到“开始”的口令后，各组学生依次进行投篮，投篮不中则排到本组该投篮点的队尾，投球中篮则接着到下一投篮点继续投篮，学生如此轮流投篮，中篮则继续逐点投下去，不中则停留在该点，在规定的时间内选出最佳投手，然后两组最佳投手 3 分线外进行投篮决赛，决出冠、亚军。

【规 则】前一投篮点投中后，紧接着继续到后一投篮点投篮；投不中则停留在该点继续轮流投篮，直至规定的时间到为止；如果只有一人投篮得分最高，得点数最多，他就是冠军，再看下面是否仍是一人得分最高，他则是亚军，如果是两人以上得分相等，则要从该投篮点上决出胜负来排定名次。

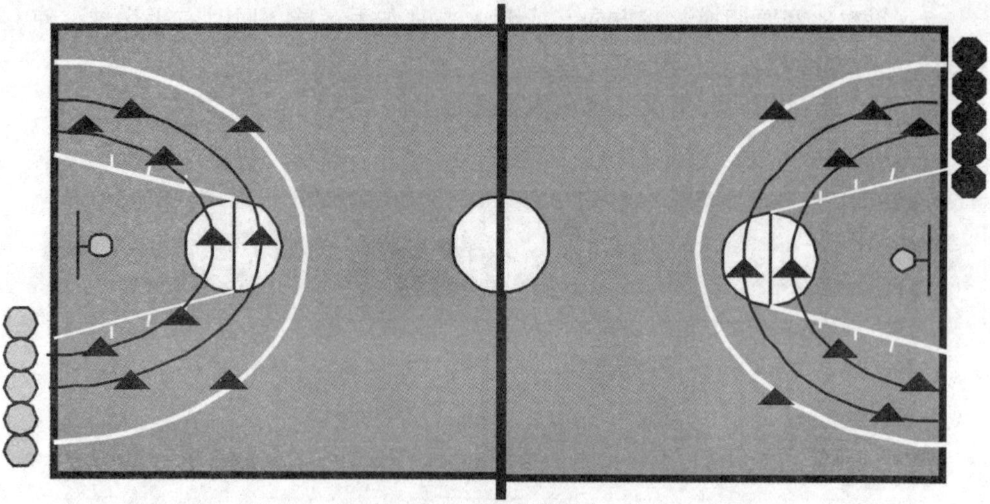

图 4－14　神射手挑战赛

五弓射雕

【目 的】训练学生接球后立即投篮的能力，规范投篮手臂伸展与压腕的动作方向。

【场地器材】场地一块、篮球若干个。

【方 法】学生 5 人一组，各持一球，站在投篮学生的四边依次把球传给投篮者。投篮人接球应按指定方法迅速进行固定位置原地投篮。投篮后再接第二个传球继续再投，谁传球，谁抢篮板，然后运球快速回到原来的位置，继续传球，直到一分钟终了为止，然后换人再投。

【要 领】投篮时，要把看篮、定向（定距）与投篮的动作结合起来。要把接球、持球、瞄篮与投篮动作迅速而有序地完成，不要使这几个动作脱节，使人看了协调、连贯、快速而省力。

投篮开始后，要善于用眼睛的反馈来不断重复或调整投篮动作，以求获得良好的投篮佳绩。

注意在接不同方向的传球时，要把接球动作与身体的转动以及脚部动作有机地结合起来。也就是用最简练的动作完成接球、脚步与身体的准备动作及投篮动作。

【规 则】在固定的时间内看谁投中的次数多。

【建 议】也可要求学生在两点或多点移动中接球投篮。

紧急高射炮

【目 的】改进学生传接球技术，提高学生接球急停跳投的能力。

【场地器材】篮球场一个，每人一个篮球，标志物两个。

【方 法】在半场的三分线内与端线相距约两米处放一标志物，把学生分为人数相等的甲、乙两队，各成纵队面向球篮站立于同一半场的三分线外的左、右两侧，排头第一人不持球，其余的队员每人持一球。游戏开始，各队排头向标志物的方向做侧身跑，跑至标志物外接同伴（即他的下一人）传来的球做急停接球跳投，无论投中与否均去抢篮板球排回本队队尾。如此连续不断进行，直到规定时间到，命中次数多的队为胜，或完成规定的命中次数，先完成的队胜。

【规 则】

1. 必须依次做传—投，打乱顺序者投中无效；
2. 必须在标志物外做跳投，在标志物内投中无效；
3. 传接球失误，由失误者把球捡回再排到队尾，不得原地再投，否则投中无效。

【建 议】

1. 可采取三盘两胜制进行比赛，每局完后，双方互换场地；
2. 可在两个半场内同时进行比赛。

图 4－15　紧急高射炮

第四节　运球与持球突破技术快乐速成途径

河蚌护珠

【目 的】帮助学生熟悉球性，提高控制支配和保护球能力。

【场地器材】篮球场一个，每人一个篮球。

【方 法】全体学生人手一球分散于半场（三分线以内）内，自己运球并随时伸手拍打周围同伴的球，同时注意保护好自己的球不被别的同伴拍打。凡拍打到同伴的球者得1分，持续3～5分钟后统计各人得分，分数多者获胜。

【规 则】

1. 只准在规定区域内相互拍打，否则算自动退出比赛；

2. 计分办法：拍打到同伴的球一次得1分，被同伴拍打到一次失1分；统计时把得分减去失分即为个人得分。

【建 议】

1. 可进行几个3～5分钟，以提高游戏难度；

2. 可在计算个人得分同时计算全队得分，全队得分高者获胜；

3. 可用每局淘汰最后三（或五）个得分最低的队员出局的方法，以增加游戏的竞争性。

持球追捕

【目 的】提高学生的行进间运球技术，发展其运球时手、脚、眼的协调能力。

【场地器材】篮球场两个，每人一个篮球。

【方 法】学生甲、乙两人一组备运一球分散于球场内任意跑动，约定教师吹一声长哨为甲追乙，两声短哨为乙追甲。游戏开始，随着教师哨声的变换，甲、乙两人在场内反复进行追逐与反追逐。追到对方并用手轻拍对方后背得1分，在规定时间内得分多者为胜。

【规 则】

1. 只有运着球追到对方并拍到对方背后才得分，若追到对方时运球失误，或拍到对方身体其他部位无效；

2. 双方在运球时要随时注意躲闪其他人的运球，以免发生碰撞，一旦发生碰撞而被对方击拍到算有效。

【建 议】

1. 也可改为在个人得分基础上计算全队得分，得分高的队为胜；

2. 如参加的人数多，可分为几队轮流进行。

变向运球接力

【目 的】提高学生快速移动中变向运球的能力。

【场地器材】篮球场一个，篮球两个。

【方 法】把学生分成人数相等的两队，分别面向场内站在同一端线的两个场角上，排头各持一球。游戏开始，从排头起每个队员依次按图示路线用体前换手变方向运球方法，快速变向运球，返回时仍按原路线和方法进行，并以手递手的方式把球交本队的下一同伴，直至全队每人轮完一次，以速度快的队为胜。

【规 则】

1．运球中必须有一只脚踏入罚球圈或踏到边线中点或前场场角方能继续向预定方向运球前进，否则判为犯规；

2．交接球必须手递手进行，否则判为犯规；

3．凡被判犯规者其所跑次数无效，判其在本队最后重跑一次。

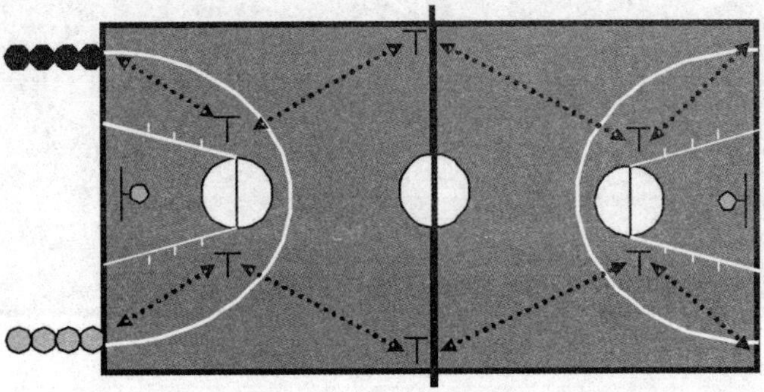

图 4－16　变向运球接力

穿针引线

【目 的】帮助学生改进变向运球技术，提高控制球能力。

【场地器材】篮球场一个，篮球两个。

【方 法】把学生分为人数相等的两队，每队排尾队员手持一个篮球，队员间相隔 2 米左右成纵队站立于场内，两队间相距 3 米左右。游戏开始，排尾的持球队员运用规定的变向运球技术逐一突破本队队列中的每个人到达排头，在距排头队员约 2 米处站立，然后把球从地下滚回队尾第二人，第二人以同样方法再把球滚给排尾第三人，直至全队每人轮一次，先轮完的队为胜。

【规 则】

1．只能用规定的变向运球动作绕过每个人；

2．到达排头位置后，只能用地滚球把球交下一人继续进行；

3．运球失误时必须从失误处重新再运球前进；

4．违反上述规定为犯规，罚其重新运球一次。

【建 议】

1．变向运球方式可采用：体前换手变向，背后运球以及某些难度较大的运球组合技术；

2．两队人数以 7～8 人为宜，若人数多可多分几队同时进行，但人数要相等；

3．可改为全队全部运过前场端线的队为胜，但同队队员间的距离不得超过 2 米。

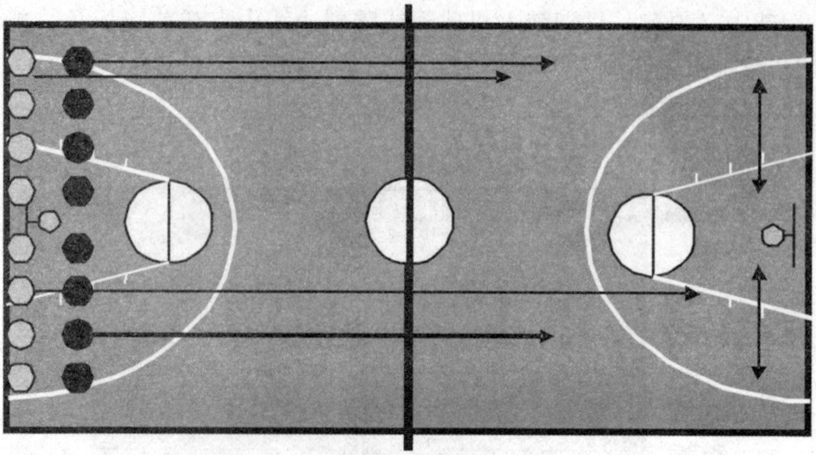

图 4－17 穿针引线

“有轨电车”追逐

【目 的】提高学生在快速运球中随时变向的能力，养成抬头运球的习惯。

【场地器材】篮球场一个，两人一个篮球。

【方 法】事先约定：球场上所有的线构成“电车轨道”，所有的两线交接点都是“电车轨道”的拐弯点，即场上所有的线（罚球区的分位线除外）都是通过这些拐弯点相通的。场上三个圆圈为“停车场”，但每个“停车场”每次只能停一辆“电车”。把学生分为人数相等的两队。先指定甲队为“电车”，每人手持一个球分散在球场的所有线上任意运球移动；乙队为追逐者，先指派两人各持一个球准备追逐“电车”。游戏开始，甲方队员运球沿线快跑，遇乙方队员堵截时可从拐弯点转到另一条线上，或到“停车场”上稍作休息，以避免乙方把球打掉。乙方队员则快速运球追逐或夹击堵截甲方运球队员，追上者轻拍对方或把球打掉可得一分；若对方进入“停车场”则不得继续追拍；若“停车场”内有一辆以上的“车”，则可进入“停车场”内追拍圆圈中的任何一个人，拍到一个得一分，除非在进入“停车场”时，多余的“车”迅速离去。但无论是在什么情况下被对方拍击到的“电车”都被视为该车“抛锚”而退到场外。如此连续进行，直到规定时间到，双方互换角色进行同样时间的追逐，最后计算双方得分或“抛锚”的“电车”数，得分多的或“抛锚”的车数少的队为胜。

【规 则】

1. 无论追逐者还是被追者，都只能沿球场上的线跑动，若被追者违例算对方得一分；若追逐者违例则追上无效，并从已有得分中扣一分；

2. 运球失误，允许在失误处重新开始。

二龙戏珠

【目 的】训练学生的运球与其他技术动作快速衔接能力。

【场地器材】篮球场一个，篮球两个，标志物一个。

【方 法】把标志物放在球场中圈内，把学生分为人数相等的两队，各成纵队面向中圈站立于球场两对角上，排头队员各手持一球做好准备。游戏开始，两队从排头起依次向中圈方向快速运球，运至标志物前按规定动作进行运球突破，向篮下快速运球并上篮，投中后把球从地上滚给本队下一名队员，该队员接球后按同样方法进行，排头队员则在前场端线后站立；直到全队每人都完成一次，以速度快的队为胜。

【规 则】

1. 双方必须用同一只手运球，否则发生碰撞由违反此规定的人负责，判其犯规；

2. 运球失误或碰倒标志物必须在原地处理好后才能继续前进，否则判其犯规；

3. 每次运球上篮必须投中或补中后方能把球滚给本队下一人，否则判其犯规；

4. 接球人必须站在本队所在地方的底角内接球并从那里起动，否则判其犯规；

5. 凡被判犯规者必须在该队的最后重跑一次。

【建 议】

1. 可改为在规定时间内，或在规定人数内运球突破后上篮命中次数多的队为胜。

2. 可规定以下运球突破动作和突破后上篮动作：体前换手变方向运球；运球急停急起；背后运球；运球后转身；单手高手上篮；胯下运球；单手低手上篮；双手低手上篮；急停跳投。

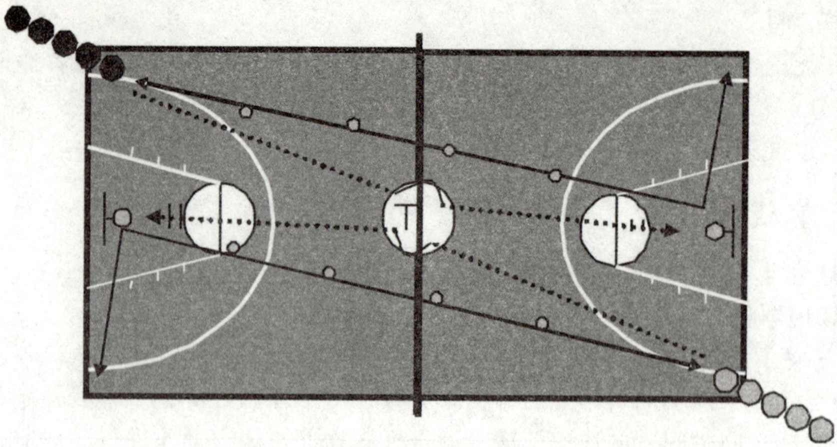

图 4－18　二龙戏珠

第五节　篮球专项身体素质速成途径

跃动的“火车”

【目 的】提高学生的下肢力量和动作协调性。

【场地器材】篮球场一个。

【方 法】把学生分成人数相等的两队，各成纵队面向场内站立于球场一端的端线后，每个人都把自己的左脚伸给前面的人，左手兜住后面队员伸来的脚，右手搭在前面人的肩上。排头不伸脚，排尾不兜脚，组成一列“火车”。听到出发口令后，全队按同一节拍单脚向前跳动，排头可走步。以排头先到达另一端端线，或排尾最先通过另一端端线为胜。

【规 则】

1. 如遇“翻车”，必须在原地接好后方能继续前进；
2. “列车”完整到达终点方能计算成绩。

【建 议】

1. 可根据学生的年龄、水平确定“火车”行进距离；
2. 若要求“火车”返回，可在返回时交换支撑脚；
3. 也可以“火车”的车尾（纵队的排尾）到达终点线为准判定胜负。

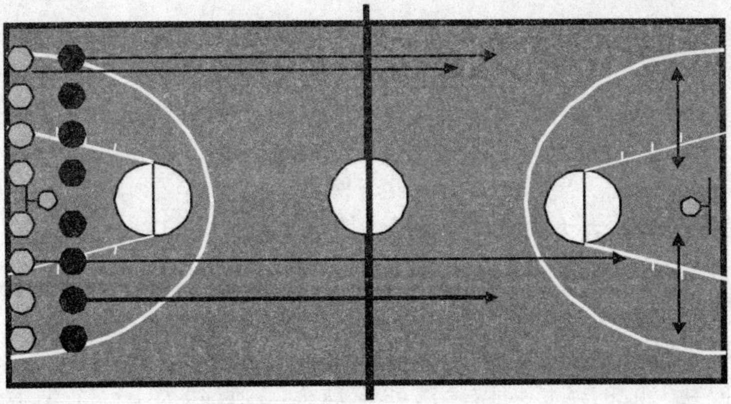

图 4－19　跃动的"火车"

跳"山羊"

【目 的】增强学生的灵巧性和弹跳力。

【场 地】篮球场一个或平整的空地一块。

【方 法】把学生分为人数相等的两队，各成纵队站立于球场端线外。各队第一人进入场内成以下姿势：两脚开立，弓背弯腰低头，两手扶膝站稳。游戏开始，两队第二人双手按在第一人背上做分腿腾越，然后向前跨一步做与第一人同样的姿势，第三人用分腿腾越跳过第一人，再跳过第二人，再做与第一第二人同样的姿势。全队按同样方法依次进行，直到该队队尾跳过另一端端线为止，先跳过的队为胜。

【规 则】

1. 鸣哨开始，不得抢先，否则判其犯规；
2. 各"山羊"之间的距离不得超过 1 米，否则判其犯规；
3. 必须依顺序跳，不得绕过，否则判其犯规；
4. 凡被判犯规的队为负，处理后游戏重新开始。

【建 议】

1. 可多分几队同时进行比赛；
2. 可按队员高矮进行分队，以尽量保持各队条件均匀；
3. 跳及"山羊"间的距离可根据学生实际情况而定。

飞跃流星

【目 的】培养学生的灵巧、协调及反应判断能力。

【场地器材】篮球场或平整的空地一块，篮（或排）球一个，细、长绳各一条。

【方 法】把篮（或排）球放在小网袋内，用细绳将其绑在长绳上。学生在球场上围成一个圆圈，相互间相隔约一臂距离，面向圆心站立。游戏开始，教师位于圆中心手持绳子一端，把球抡起平行于地面轮转飞行，球离地约 20 ~ 30 厘米，速度快慢由教师掌握。当球经过时，立于圆圈上的队员必须跳起让球通过，若被球碰到或被绳子缠住者为失败。

【规 则】

1. 如因绳子抡得过高而被球碰到脚或被绳子缠住不算失败；

2. 如因要躲避球而离开圆圈，则算失败；

3. 凡被判失败的队员须做一次“抡球人”，直到为下一个失败者所取代，方可进入圆圈内重新练习。

【建 议】

1. 如无合适的长绳可用一稍长的竹竿代替；

2. 可把圆圈上的队员分为若干队，计算在规定时间内各队的失败人数，以失败人数少的队判出“团体名次”定胜负。

三腿章鱼跑

【目 的】提高学生的柔韧性和协调性。

【场地器材】篮球场一块，标志杆两根，布带子两条。

【方 法】在球场一端端线与三秒区线交接处各放置一根标志杆。把学生分为人数相等的两队，每队内又分为两人一组的若干组。两队各成两路纵队排列于球场没有放标志杆的端线后，排头第一对双人组用布条把两人相邻的脚捆住（捆在踝关节处)，成为两人“三条腿”。游戏开始，各队第一组首先起动，以两人三足向前快跑，绕过标志杆返回，解下布带子交本队第二组以同样方法进行，直至全队各组均完成一次，以先完成的队为胜。

【规 则】

1. 捆脚的带子若中途脱落，要在原地捆好后方能继续跑动；

2. 全队只能用同一条布带子，不得另备；

3. 接力时只能在端线后捆好两人各一只脚方能进入场内跑动；

4. 违反上述规定为犯规，凡犯规多者为负。

送伤员

【目 的】增强学生的下肢和腹背力量。

【场 地】篮球场一块。

【方 法】把学生分为人数相等的两队，各成纵队面向场内站立于球场一端线后。每队由教师指定一人为被背者。游戏开始，两队排头背起被背者向前快跑，跑至中线后用脚踩中线返回，把被背者交本队第二人以同样方法进行，直至全队每人背完一次，先完成的队为胜。

【规 则】

1. 只能背被指定的被背者，否则该次背人无效；

2. 不论用何种方法背人，被背者的任何一只脚不得着地，否则该次背人无效；

3. 交接被背者只能在起点端线后进行，否则无效；

4. 凡被判无效者必须重做一次。

【建 议】

1. 可采取三局两胜制决胜负；

2. 指定的被背者可以是该队体重最轻者或该队体重最重者或该队自行选择；

3. 可改为两人一组为单位进行比赛。

推爬犁

【目 的】增强学生的腰部和上肢力量。

【场 地】篮球场一块。

【方 法】把学生分为两人一组，前后站立于球场一侧边线后；后面的乙抬起前面甲的双脚，前面的甲用两手撑地，两脚被乙抬起成俯卧状，两手压在边线上。游戏开始，各组同时起动：甲以手代步，交替移动两手向前；乙抬起甲的双脚向前同步行走，各“小车”到达对侧边线后，两人相互交换角色后再推“小车”返回原起点线，先到的组为胜。

【规 则】

1. 推车人要配合“车”的动作，不得用力前推或后拉；

2. 若在中途“翻车”，必须在原地接好后才能继续前进；

3. 必须是“车”的一手触及折回线或原起点边线才算成功。

【建 议】

1. 可根据学生情况增长或缩短推小车的距离和折回次数；

2. 可改为推小车接力比赛的形式；

3. 重视安全教育和措施，以免发生伤害事故。

突出封锁线

【目 的】提高学生的对抗力量、反应和灵活性。

【场 地】篮球场一块。

【方 法】把学生分为人数相等的甲、乙两队；先由甲队队员相互握住手腕站成一个圆圈，把乙队全体队员围在圆圈内。游戏开始，圆圈内的乙队队员要设法从圆圈内挣脱出圈，圈外的甲队队员要设法阻止对方从圈内向外突围，直到规定时间到，双方交换圈内外角色。一个回合后计算双方突围人数多少，突围人数多的队为胜。

【规 则】

1. 圈外的队员可用握住的手拦住对方，但不能松手抓对方，否则犯规；

2. 圈内的队员只能使用巧法而不得用手拉开对方握住的手腕突围，否则犯规；

3. 若圈外队员犯规，判对方突围成功；若圈内队员犯规，则突围无效。

画“大头”

【目 的】提高学生的跑动速度和快速奔跑能力。

【场地器材】篮球场一个，小黑板两块，粉笔四支。

【方 法】

1. “人头”的笔画：共七笔，即脑袋、眼睛、眉毛、鼻子、嘴巴、两耳朵、三根头发各为一笔。

2. 场地布置：在球场一端线后放置一块小黑板，黑板中间用粉笔画一条直线分为两半，让每队各用半边。

3. 人员安排：把学生分为七人一队，各成纵队面向本队小黑板的一侧，站立于球场另一端线后，事先约定各人任务，各队排头手持半根粉笔。

4. 游戏开始：教师发出“开始”的信号后，各队从排头起，依次手持粉笔快跑到小黑板的本队一侧前，按事先确定的任务各画一笔，然后手持粉笔快速返回原出发点，把粉笔交下一位同伴，直到“人头”画完，以先画完且较为准确的队为胜。

【规 则】

1. 每人只准画规定的一笔，不得代同伴一次画完，否则判该队失败；

2. 不得把粉笔折成几段代替“接力棒”，否则判该队失败；

3. 如各队比赛速度相等，以画得最像的队为胜。

【建 议】

1. 可改为拼字或画某种图形；

2. 可依据人数多少增加或减少所画笔画；

3. 若无小黑板，可直接画在预先准备好的纸上。

第五章

篮球运动综合知识

从奥运会到世锦赛，再到风靡全球的NBA，篮球把它独有的魅力通过各种各样的形式展现在世人的面前。本章通过介绍篮球运动的锻炼价值、篮球运动的国际及国内重大赛事、世界篮球运动技战术流派以及篮球名人简介等基本知识，让大家对篮球运动综合知识有更清晰的认识。

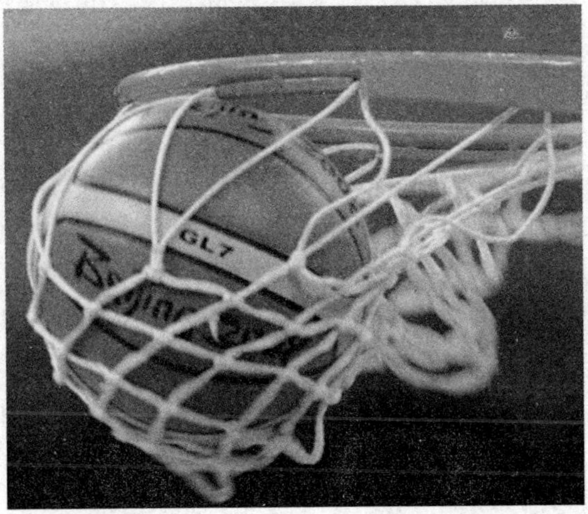

第一节　篮球运动的锻炼价值

一、增强体质、提高免疫力

篮球运动是一项含有各种跑、跳、投等动作技能的运动项目，运动中大量的奔跑、跳跃、闪动等动作，可以达到促进全身肌肉活动及增强肌肉力量的目的，从而提高运动者的体能耐久力，还可以提高运动者关节的协调性及敏捷性。另外，经常参加篮球运动，可以增强人体心肌收缩及心脏负荷能力，增强肺活量，能使心脏变得强而有力，肺功能得到有效的增强和提高；可以加速人体血液循环，加快新陈代谢，并通过排汗及补充大量水分后排尿，达到排除体内有害物质及毒素的作用；可以提高体内脂肪代谢，减少胆固醇在血管壁上的沉积，从而预防高血压及动脉硬化的发生。所以，经常参加篮球运动能有效地增强身体各方面的素质和体能，从而提高人体的免疫功能。

二、促进终身体育观的形成

培养和发展学生从事体育活动的能力和学习的积极性，让学生发现自己的天赋，养成与掌握终身进行体育锻炼的习惯和意识，让学生认识到体育的价值，认识到生活离不开体育，体育能给他们带来无穷的乐趣，这是学校体育的目标。篮球运动本身具有趣味性、集体性、多变性、综合性的特点，大多数学生对篮球感兴趣。一次成功的过人、一次精彩的投篮给学生带来成功的满足感，让学生真正地体会到成功的快乐，知道体育是能够给人带来快乐的，从而形成终身体育的观念。

三、培养良好的心理品质

篮球运动是一个集体性项目，比赛中要求队员之间的集体配合才能取得胜利。通过参与篮球运动，可以培养队员团结拼搏、文明自律、道德品质和无私奉献的集体主义精神和集体荣誉感。另外，由于篮球运动具有激烈的对抗性，并伴有一定的生理负荷，要求参与者要克服内心障碍和外部障碍，以顽强的毅力和坚强的意志去克服和战胜各种困难，表现出坚忍不拔的道德意志和良好的心理品质。篮球比赛瞬息万变，优柔寡断就会错失战机，抓住机会赢得比分，让你在篮球运动中不断培养果断的判断力和成功的自信。

四、加强社会交往，增进人与人的沟通

随着篮球运动的普及，“以球会友”已成为个体向社会化转变的有效途径。交往是调节人的情感和联络彼此感情的重要手段。球员之间的友好交往，不仅能促进进球个体间的相互理解、互相支持，而且当球员个体经常处于一种愉快的情绪状态时，积极的情感交流又能够加强彼此间的亲密感，从而增进友谊、增强人们的安全感和力量感。篮球运动正是通过比赛对抗中的相互交流，促进参与者融入集体中来，增强了参与者的社会参与感。

第二节　篮球运动的重大赛事

一、国际重大赛事

（一）奥运会

奥运会篮球赛是奥运会的重要比赛项目之一，每4年举行一次，包括男篮和女篮比赛。1904年，在美国举行的第3届奥运会上，篮球运动作为表演项目首次出现在奥运会上。1936年第11届奥运会上，男子篮球被列为奥运会的正式比赛项目，而女子篮球到了1976年第21届奥运会上才被列为正式比赛项目。1992年第25届奥运会上，允许职业篮球运动员参赛。以乔丹、约翰逊为代表的美国“梦之队”以现代篮球技巧表演，精练、多变、实用的战术打法，为奥运会篮球赛增添了新的活力，使之成为篮球运动的重要赛事之一。

竞赛办法：上届奥运会的前3名，奥运会预选赛前3名，亚洲、非洲、欧洲、美洲、大洋洲各洲的冠军队和东道主队参加比赛。奥运会篮球比赛一般分为预赛、复赛、决赛三个阶段进行，预赛通常采用分组单循环，复赛与决赛多采用交叉赛。

奥运会男子篮球比赛从第11届至2008年共举行17届。中国队在奥运会男子篮球比赛中获得最好成绩是在第26届和第28届奥运会上取得第8名。奥运会女子篮球比赛从第21届奥运会至2008年已举行了8届。中国女篮参加了第23届至第25届的奥运会篮球赛，最好成绩是在第25届奥运会上取得了亚军。

美国“梦之队”的由来

美国国家男子篮球队被冠以“梦之队”这个称呼，是从1992年开始。1988年，大卫·罗宾逊挂帅的美国国家队最后一次以大学生班底出战，兵败汉城奥运会。这使美国篮协决定组建以NBA球员为班底的国家队，以显示美国在世界篮球界的地位。于是，1992年，美国篮协找齐了NBA当时最杰出的球员们，组建了公认为史上最杰出的球队。在1992年巴塞罗那奥运会上美国队以超群的实力、技艺化的表演，没有悬念地取得了8场比赛的胜利，被人们称为“梦之队”。

表5-1　历届奥运会男篮前三名

年份	冠军	亚军	季军
1936 柏林奥运会	美国	加拿大	墨西哥
1948 伦敦奥运会	美国	法国	巴西

续表

年份	冠军	亚军	季军
1952 赫尔辛基奥运会	美国	苏联	乌拉圭
1956 墨尔本奥运会	美国	苏联	乌拉圭
1960 罗马奥运会	美国	苏联	巴西
1964 东京奥运会	美国	苏联	巴西
1968 墨西哥城奥运会	美国	南斯拉夫	苏联
1972 慕尼黑奥运会	苏联	美国	古巴
1976 蒙特利尔奥运会	美国	南斯拉夫	苏联
1980 莫斯科奥运会	南斯拉夫	意大利	苏联
1984 洛杉矶奥运会	美国	西班牙	南斯拉夫
1988 汉城奥运会	苏联	南斯拉夫	美国
1992 巴塞罗那奥运会	美国	克罗地亚	立陶宛
1996 亚特兰大奥运会	美国	南斯拉夫	立陶宛
2000 悉尼奥运会	美国	法国	立陶宛
2004 雅典奥运会	阿根廷	意大利	美国
2008 北京奥运会	美国	西班牙	阿根廷

表 5－2　历届奥运会女篮前三名

年份	冠军	亚军	季军
1976 蒙特利尔奥运会	苏联	美国	保加利亚
1980 莫斯科奥运会	苏联	保加利亚	南斯拉夫
1984 洛杉矶奥运会	美国	韩国	中国
1988 汉城奥运会	美国	南斯拉夫	苏联
1992 巴塞罗那奥运会	独联体	中国	美国
1996 亚特兰大奥运会	美国	巴西	澳大利亚
2000 悉尼奥运会	美国	澳大利亚	巴西
2004 雅典奥运会	美国	澳大利亚	俄罗斯
2008 北京奥运会	美国	澳大利亚	俄罗斯

（二）NBA

图 5－1　NBA 图标

美国全国篮球协会 NBA（National Basketball Association）举办的美国职业篮球联赛，是世界公认水平最高、最受关注的篮球联赛，它云集了美国国内和世界各国最优秀的篮球运动员。共有 30 支队伍参与角逐，各场赛事竞争激烈，深受全球各地球迷关注，已成为风靡全球的体育赛事。NBA 早在 1946 年成立，当时其名称为 BAA 全美篮球联盟，1949 年 BAA 与 NBL 美国篮球联盟合并，成为日后 NBA 的雏形。1971 年至 1972 年秋季，NBA 把秋季球赛扩展为 4 个赛区比赛（太平洋区、大西洋区、中央区、中西区），即现今的赛区形式。

NBA 受到全世界瞩目与其成功的商业运作有很大的关系。早在 1973 年 NBA 就走上了电视，由美国哥伦比亚广播公司（CBS）买下了 3 年的播映权。如今，各国的转播权、品牌代言人等，使得 NBA 已不再是单纯意义上的体育比赛，而是代表了一种体育文化。

竞赛方法：将比赛分成常规赛和季后赛两个阶段。常规赛从每年的 11 月初开始，至次年 4 月 20 日结束。季后赛从 4 月下旬开始，到 6 月下旬决出总冠军为止。第一轮采用 5 战 3 胜制，第二、第三轮（东西部联盟半决赛和决赛）和 NBA 东、西部总决赛均采用 7 战 4 胜制。

（三）世界篮球锦标赛

图 5－2　FIBA 图标

世界篮球锦标赛是国际篮球联合会主办的世界性篮球比赛，一般是每 4 年举行一届。世界篮球锦标赛共有 6 个世界锦标赛：世界男子篮球锦标赛、世界女子篮球锦标赛、世界青少年篮球锦标赛、世界男子轮椅篮球锦标赛、世界女子轮椅篮球锦标赛。

世界男子篮球锦标赛始于 1950 年，首届男篮世界锦标赛在阿根廷的布宜诺斯艾利斯市举办，该赛事在每两届奥运会举办的间隙组织举办，各国都派出实力最强的队伍参赛，使比赛显得异常精彩、激烈。世界男篮锦标赛的影响力必将越来越大，将会成为世界上最有吸引力的体育赛事之一。世界女子篮球锦标赛比赛始于1953年。

竞赛办法：从2006年开始，参加世界锦标赛的球队由原来的16支增加到24支（世锦赛举办国、上届奥运会冠军、五大洲的冠军将自动获得参加世锦赛的资格）。比赛分为预赛、复赛、决赛三个阶段，预赛分为4个组，各组前3名获得出线权，后3名被淘汰。出线的12支球队又分成2个小组进行复赛，每个小组的1、2名参加1~4名的决赛；3、4名参加5~8名的决赛；5、6名参加9~12名的决赛。

中国男篮于1978年首次参赛，中国女篮1983年首次参赛。男、女篮的最好成绩都是1994年第12届世锦赛上取得的，男子第8名、女子第2名。

二、国内重大赛事

（一）CBA职业篮球联赛

图5-3 CBA图标

中国男子篮球甲A联赛简称CBA联赛。由国家体育总局篮球运动管理中心主办，为中国最高水平和最大规模的篮球赛事。人们在1954年建立的全国联赛基础上，于1995年起进行了一系列改革措施，使其开始向职业化方向发展，并允许聘请外国球员加盟。1995年初，我国首次进行了甲级队男篮八强主客场制比赛。主客场制的实行、外国球员的引进以及转会制度的实施，推动了中国篮球运动改革向纵深发展。中国篮协于1995年10月21日召开会议，正式推出了与国际接轨的赛季甲级联赛。

竞赛办法：比赛分为三个阶段进行——第一阶段（常规赛）：分为南、北两区，每区7支队，采用本区进行主客场四循环和另区进行主客场双循环，按总积分排出14支队名次和在本区的常规赛1～7名次。第二阶段（分区决赛）：第一阶段常规赛分区的前四名，进行主客场制的3战2胜交叉赛（常规赛名次列前的队多一个主场），决出分区的冠、亚军及3、4名。第三阶段（总决赛）：第二阶段分区决赛的1～4名，进行主客场制交叉淘汰赛（分区决赛名次列前的队多1个主场）。取得获胜场次后不再比赛。1/4决赛和半决赛采用5战3胜制，总决赛采用7战4胜制（1/4决赛和半决赛的负队不再进行比赛）。

（二）WCBA女子篮球甲级联赛

图5－4　WCBA图标

随着全国男子篮球甲A联赛的迅速发展，女子篮球联赛赛制制度改革也逐渐开始。2002年2月正式拉开序幕，它标志着女子篮球甲级联赛正式由赛会制走向赛季制。主客场联赛的实行，不仅增多了女篮比赛的场次，而且活跃了市场，极大地促进了中国女子篮球运动的发展。

竞赛办法：WCBA联赛分为预赛和决赛两个阶段。预赛前8名的球队进行主客场3战2胜交叉淘汰（预赛在前的队多安排一个主场）；1/4决赛、半决赛的胜队进行主客场3战2胜交叉淘汰，取得获胜场次后不再比赛；1/4决赛、半决赛的负队不再进行比赛。预赛9～12名的球队进行主客场循环赛。联赛采用升降级的方法，第11、第12名的球队降为乙级球队，参加每年一次的全国女子乙级联赛。

（三）CUBA大学生篮球联赛

图5－5　CUBA图标

CUBA大学生篮球联赛是在国家教育部全国大学生体育联合会领导下，在中国篮球协会指导下进行的赛事活动，是中国体育史上第一个面向高校、面向社会，以培养高素质、高水平篮球人才为目标，采取社会化、产业化运作模式的大学生专项运动联赛。1998 年正式开赛，联赛的宗旨是“发展高校篮球，培养篮球人才”。

竞赛办法：赛程分三个阶段预选赛、分区赛、八强赛。每年 9—11 月，各省、自治区、直辖市、特别行政区在当地教育行政部门、大学生体育协会、大学生篮球协会的领导下，以学校为单位组织预选赛。各地区预选赛男女组冠军队自动获得分区赛参赛资格，目前全国共有 29 个省级行政区定期组织 CUBA 预选赛；次年 3—4 月，顺次进行东南、西南、西北、东北 4 个分区的比赛，采取先小组单循环比赛，后交叉淘汰的赛制；次年 4—6 月，分别进行女子八强赛和男子八强赛，女子八强赛，采取赛会制，先通过单场淘汰决出两支进入总决赛的队伍，总决赛采取主客场两回合制。如赛会承办单位进入总决赛，则第二场决赛移至客队所在地，否则第二场比赛主场权由进入总决赛的双方队伍抽签决定；男子八强赛，每一回合均采取主客场两回合制。

第三节　世界篮球运动技战术流派

由于世界篮球运动的普及和发展在各个地域不相同，以及各地域篮球文化、队员身体素质不同，因此就形成了不同流派、不同打法、不同特点。世界篮球运动主要有以下几种打法。

表 5－3　篮球主要流派分类表

分类	地域	风格	技术特征	代表国家
1	（黑）美洲流派	粗犷型	力量、凶悍	美国
2	（白）欧洲流派	细腻型	智慧、技巧	塞黑、俄罗斯、立陶宛
3	（黄）亚洲流派	灵巧型	速度、灵活	中国、韩国

一、美洲型打法

以美国队为代表形成了一种风格与流派。其特点是基本技术好，个体攻、防能力和技艺水平高，整体实力教强。队员整体身高与欧洲相比并不占绝对优势，而是突出强调个人技能、体能（速度、技巧）及立体型攻防打法与变化；以技巧与特殊的体能条件相结合。美洲型球队中黑人较多，他们体能强、速度快、弹跳好、爆发力强、技术娴熟，经常运用高空补篮、扣篮和盖帽等高难度动作，且擅长突破，辅以外围远投，并注重个人攻击能力的发挥。队员在场上展现的是拼斗和争胜负，个人价值观念的“唯我独尊”是每一名运动员的共同特征。

图 5－6　美洲型打法

二、欧洲型打法

以俄罗斯队、塞黑和立陶宛等队为代表则显现出另一种风格与流派。基本打法以粗犷、凶悍、整体作战为主体，体现了高、狠、准的传统特点，讲究整体实力，普遍在身高和力量上占优势。如希腊、俄罗斯、克罗地亚、意大利、塞黑等欧洲强队，不仅中锋身高超过 2.10 米，而且前锋也在 2 米以上。他们的指导思想是以高快结合，强调集体配合，注重内外结合，重视进攻节奏，防守中重视个体、整体性与攻击性的积极协同，充分发挥集体作用，尤其是塞黑、德国、立陶宛等欧洲队，都具有高水平球星在 NBA 征战。他们技术娴熟、积极快速、投篮准确、拼抢凶狠、攻与守转换衔接主动，能很好地掌握与捕捉战机。

表 5－4　2008 年北京奥运会立陶宛队队员基本情况表

姓名	位置	身高（米）	体重（千克）
里曼塔斯·考科纳斯	后卫	1.92	95
萨鲁纳斯·雅斯科维休斯	后卫	1.93	92
达尔努斯·拉夫里诺维奇	前锋　中锋	2.12	106
拉穆纳斯·西斯考斯卡斯	后卫　前锋	1.98	95
马里尤纳斯·皮特艾维休斯	中锋	2.07	113
马修利斯	前锋	1.98	98
克西斯托夫·拉夫里诺维奇	前锋　中锋	2.12	108
罗伯塔斯·加夫托卡斯	中锋	2.11	117
马里乌斯·普里科维修斯	后卫	1.95	92
明道加斯·卢考斯基斯	后卫　前锋	1.98	90
西马斯·雅塞提斯	后卫　前锋	2.01	87
利纳斯·克雷扎	后卫　前锋	2.03	108

三、大洋洲型打法

以澳大利亚为代表的一种欧、美型打法相交融，又与自身优势相结合的风格与流派。其特点是队员身材高大、作风顽强、攻防转换速度快、配合默契。防守时注重采用扩大人盯人防守压逼对手，阵地进攻中惯用双中锋进攻与掩护配合，比赛中主动掌握节奏，擅长在进攻中以内线强攻、外线掩护后中远距离投篮取胜。

图 5－7　大洋洲型打法

四、亚洲型打法

东亚比较普及，水平也较高，以韩国、日本和中国台北为代表，西亚近几年来提高也较快。其特点是以小打大、快速、灵活、准确、突破能力强、整体防守好，以技艺、智谋和顽强作风相结合。而中国队在亚洲已处于最高水平，球员身高目前已超过欧、美强队，因此，中国队在不断完善亚洲型打法的同时，也注重向欧、美队的打法和风格学习，基本战术配合以高、灵、全、准的整体型攻防和内外结合的打法为主，并正探索与实施中国当前提出的战术指导思想和技、战术风格，以形成自己的攻防体系特色。

图 5－8　亚洲型打法

五、非洲型打法

非洲的篮球运动处于崛起阶段，近几年进步突出，像尼日利亚等队，已开始向第二集团冲击，但整体技、战术水平与世界强队相比有一点差距，然而运动员的身体素质较好，不乏身材高大且灵活的球员，也涌现出了一些球星服役于NBA。他们的技术风格和打法，近似于美洲型流派。

奥拉朱旺是第一位征战 NBA 的非洲球员，也是目前为止最出色的非洲球员。穆托姆博跟随前辈步伐，于 1991 年开始征战 NBA。

图 5－9　非洲型打法

第四节　篮球运动名人简介

一、威尔特·张伯伦

图 5－10　威尔特·张伯伦

威尔特·张伯伦（Wilt Chamberlain）（中锋），1936 年 8 月 21 日出生，身高

2.16 米，1959 年毕业于堪萨斯大学。他有着出色的身体条件：100 米跑 10.90 秒，400 米跑 47 秒，跳高 2.02 米。他的出众天赋，使得他还在堪萨斯大学学习期间，美国大学篮球不得不为他改变了几条规则：将 3 秒区扩大，进一步严格控制对投篮的干扰，修改发边线球和罚球等。张伯伦进入奥运会后，为了限制他在篮球下的威力，NBA 再次将 3 秒区加宽至 16 英尺（合 4.87 米），这就是现在我们的 3 秒区外侧的两块长条。与此同时，张伯伦在比赛时是对方球队的重点防守对象，防守手段无所不用，但这仍然无法阻挡张伯伦不断得分和抢篮板球。大学期间，许多学校不得不用尽量控制球的战术来限制张伯伦的进攻和抢篮板球。1956 年张伯伦加盟 NBA 的费城武士队（后转会至湖人队），开始了他传奇式的职业生涯。他于 1967 年、1969 年两次夺得 NBA 总冠军，但他所取得的战绩却很少有人接近：连续 7 次成为 NBA 得分王，1968 年还当了一回 NBA 助攻王。在 1961—1962 赛季，他创下单季获 4029 分的得分记录，在 82 场比赛中平均每场得分 50.4 分，在 1962 年 3 月 2 日，张伯伦在与纽约尼克斯队比赛中一人得了 100 分，以后再也无人能够接近这个纪录。他共有 5 次单场比赛得分超过 70 分。至今，张伯伦还保持着 23924 个篮板球的 NBA 纪录。他是第一个突破得分 3 万分大关的 NBA 球员。他在 14 年的 NBA 生涯中，共得了 31419 分。另外，张伯伦还拥有连续 18 次投篮命中和单场比赛抢得 55 个篮板的纪录。总之，他以完美的表现赢得了球迷的喜爱，是美国篮球历史上第一位全才明星。1978 年，他入选美国篮球名人堂。

二、迈克尔·乔丹

名言："我可以接受失败，但无法接受放弃。"

图 5-11　迈克尔·乔丹

1963年2月17日出生，身高1.98米，后卫，1984年入选NBA。乔丹5次获NBA总冠军，4次获常规赛最有价值球员，5次获总决赛最有价值球员，9次获“得分王”，9次入选最佳阵容，8次入选最佳防守阵容，2次获扣篮冠军。

乔丹是20世纪最伟大、最杰出的篮球明星。乔丹开创了一个NBA的新时代，使NBA成为世界上最具有欣赏性的竞技运动之一。这位篮坛奇才的凌空飞翔，将篮球带入了一个梦幻般的神话世界。如果说当年的张伯伦是上帝派到人间的篮球之神，那么用“大鸟”伯德的话说，“乔丹就是穿着芝加哥公牛队23号球衣的上帝本人”。乔丹以他超人的弹跳、犀利的突破、准确的后仰跳投和极好的防守构成新一代“篮坛完人”的形象，特别是他在球场上勇往直前的求胜精神和在关键时刻的一锤定音谱写着“乔丹神话”。其实，乔丹在青少年时也曾因球技不好而被教练排除在篮球队的大门之外。但他以自己非凡的努力和刻苦执着的精神，练就了一身超人的技艺，终于在1984年NBA选秀大会上第一轮被芝加哥公牛队选中，1991—1993年率公牛队完成了NBA总冠军“三连冠”霸业，随后宣布退役，1995年3月19日又重返NBA，之后1996—1998年又带领公牛队2次夺得NBA总冠军。1999年1月13日，乔丹宣布正式退役，他的23号球衣也在联合中心体育馆永久退役。

三、姚明

名言：“努力不一定成功，但放弃一定失败！”

图5－12　姚明

1980年9月12日生，身高2.26米，中锋。姚明出生于上海市第六医院，他的父母都是篮球运动员，父亲姚志源身高 2.08 米，曾效力于上海男篮；母亲方凤娣身高 1.88 米，是 20 世纪 70 年代中国女篮的主力队员。在姚明的 4 岁生日时，他得到了第一个篮球。6 岁时看美国哈里篮球队在上海表演，知道了 NBA。9 岁那年，姚明在上海徐汇区少年体校开始接受业余训练。由于从小受到的家庭熏陶，他对篮球的悟性逐渐显露出来。5 年后，他进入上海青年队；17 岁入选国家青年队；18 岁穿上了中国队服。在 18 岁入选中国国家篮球队之后，姚明的表现进一步成熟。在 2001 年的亚洲篮球锦标赛上，姚明每场贡献 13.4 分、10.1 个篮板和 2.8 次盖帽，投篮命中率高达 72.4%，帮助中国国家队夺得冠军；2000 年奥运会期间，姚明平均每场拿下 10.5 分和球队最高的 6 个篮板、2.2 次盖帽，他平均每场 63.9% 的投篮命中率也无人能比；在美国当地时间 2002 年 6 月 26 日的选秀大会上，休斯敦火箭队顺利挑到了中国的中锋姚明，他也成为联盟历史上第一个在首轮第一位被选中的外国球员，被选中的中国小巨人也成为联盟历史上最高而且是第二重的状元秀。在姚明加盟休斯敦火箭队之后，他成为继王治郅和巴特尔之后第三位征战 NBA 的中国球员。

第六章 篮球运动常见运动损伤及预防

高空争夺、拼抢凶悍、攻防转换快这些篮球运动的特点增加了篮球运动参与者受伤的概率。本章主要介绍了篮球运动常见运动损伤及处理、常见篮球运动损伤的原因、篮球运动损伤的预防等知识，使你了解怎样预防损伤和在发生损伤后怎样处理伤病，让大家在享受篮球运动的同时更好地保护自己。

第一节 常见篮球运动损伤及处理

一、踝关节损伤

（一）损伤原因

在运动中，由于跳起落地时身体失去平衡或过度疲劳等原因，使踝关节发生过度内翻（旋后），引起外侧韧带的过度牵扯、部分断裂或完全断裂。常见的损伤姿势如图。

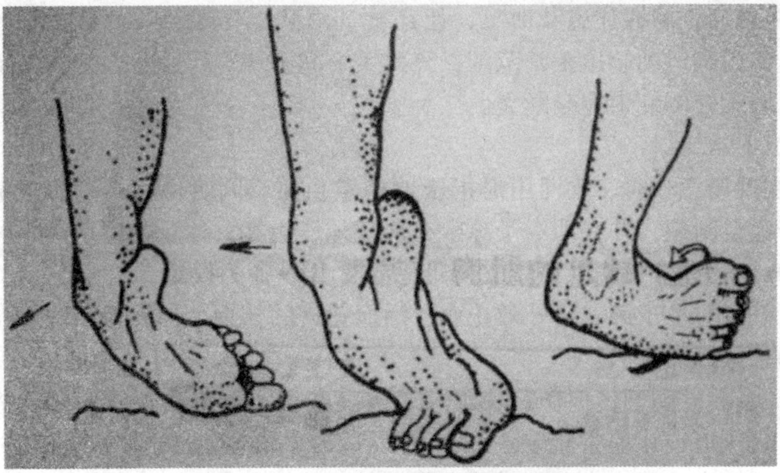

图 6－1　几种常见踝关节损伤姿势

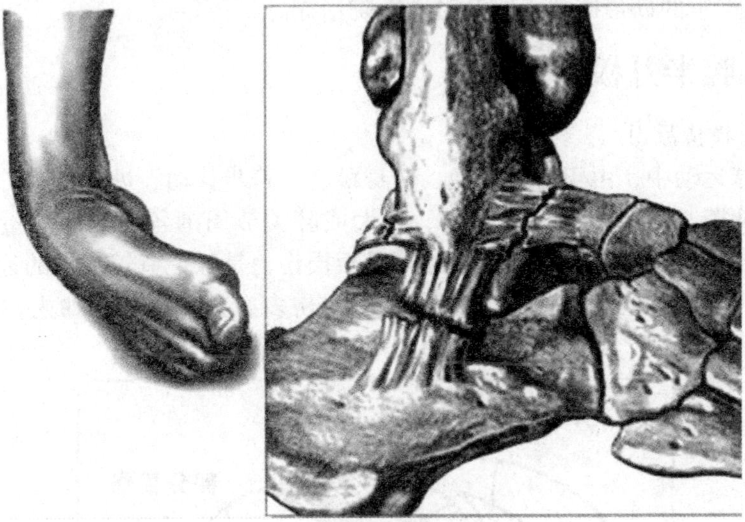

图 6－2　踝关节韧带断裂

（二）症状与诊断

1．有明显的足突然旋后受伤史。

2．踝部关节外侧、踝尖前下方疼痛，在走路和活动关节时最明显。

3．肿胀迅速出现，皮下可见瘀血。

4．因组织断裂，关节积血或撕裂的韧带嵌入关节内，使行走疼痛，出现跛行现象。

5．压痛多在外踝前下方，则是单纯韧带损伤；压痛若多在外踝或踝尖部，则可诊断是否并有撕脱骨折。

6. 内翻痛：即握住患肢前足，使足被动内翻，在踝关节外侧的损伤部位出现疼痛。如内翻运动超出正常范围，外侧关节间隙增宽，距骨在两踝之间旋转角度增大，表示外侧韧带完全断裂。

（三）处理方法

1. 在现场急救时，立即用拇指压迫痛点止血，同时做强迫内翻试验，检查韧带是否完全断裂，并立即给予冷敷，局部加压包扎，休息时应抬高患肢。

2. 较轻的韧带扭伤以粘膏支持带固定，并以弹力绷带包扎后，应立即敦促其活动，必要时可于第二日外敷止血、活血化瘀的药物，但一般认为用支持带及早期活动是最好的方法。

3. 较重的外侧韧带捩伤，肿胀及肌肉痉挛较明显。消除肿胀是首先应考虑的问题，且压迫包扎非常重要。24 小时以后，根据伤情可选用新伤药外敷、理疗、针灸、按摩、药物痛点注射及支持带固定等，并应及早锻炼踝关节功能。

4. 对严重的韧带撕裂，应及时送医院治疗。

二、膝半月板损伤

（一）损伤原因

在篮球运动中，由于落地不稳、转身跳起、跨步移动、进攻受阻等技术方面的问题，疲劳，膝部负荷过于集中、过大或膝关节周围各肌肉群力量发展不均衡，膝关节稳定性差等原因易造成膝半月板损伤，是膝关节较多见的运动损伤之一。其急性伤多为间接外力引起。半月板损伤多有并发损伤，如内侧副韧带断裂、十字韧带断裂、滑膜和关节囊损伤等。

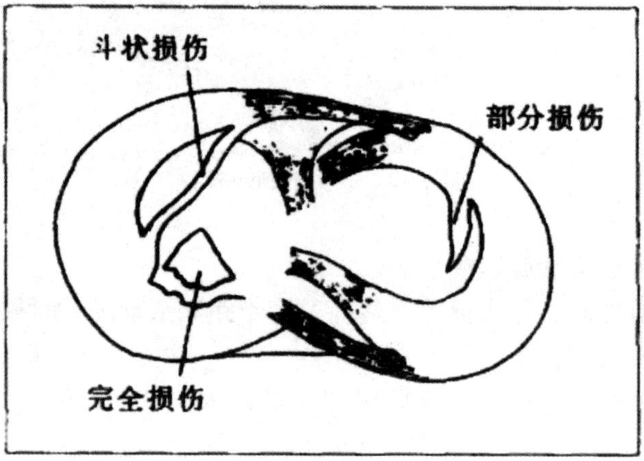

图 6－3　膝关节半月板损伤图

（二）症状与诊断

1. 伤后剧痛，呈牵扯样、撕裂样持续痛。其疼痛特点是早期范围大，随病情发展而缩小并逐渐集中在局部，因而临床上表现为疼痛剧烈，痛点集中。

2. 半月板损伤后的异常活动刺激滑膜，久之，出现无菌性炎症反应，使分泌增多，渗出增加，造成关节内积液、积血，出现淤血和肿胀。

3. 出现伤后膝关节屈伸活动严重受限的功能障碍。

4. 膝伤后，出现做膝屈伸活动时突觉有异物“卡”住而不能活动的绞锁现象。多数人经主动或被动活动后可自行“解锁”。

5. 膝关节活动时有关节响声。这是由于半月板破裂后，当膝关节活动时股骨与距骨彼此间摩擦、弹动而产生的，可发生在一定角度上。

（三）处理方法

1. 对急性损伤者，早期处理是局部冷敷，用厚棉花垫于膝部做加压包扎固定和抬高伤肢。

2. 24 小时后，若出血停止，则可进行热敷、理疗、按摩等，或外敷消肿、散瘀的中药。

3. 若关节肿胀剧烈（尤其是关节积血），应及早去医院做关节穿刺，抽取积血和积液。

4. 如确诊有半月板撕裂，尤其是经常发生关节交锁现象的患者还是以手术切除为好。

三、膝内侧副韧带损伤

（一）损伤原因

在篮球运动中，由于场地、技术（如跳起投篮、抢篮板球后落地姿势不佳，或在运球突破时，遭防守队员阻挡，使膝关节出现强迫“外翻”，造成膝内侧副韧带损伤）、关节稳定性、身体机能状况不佳、准备活动不足、对抗能力与自我保护能力差等原因，导致小腿突然内收内旋，或小腿与足固定，大腿突然外展外旋，造成膝关节内翻，引起外侧副韧带损伤。

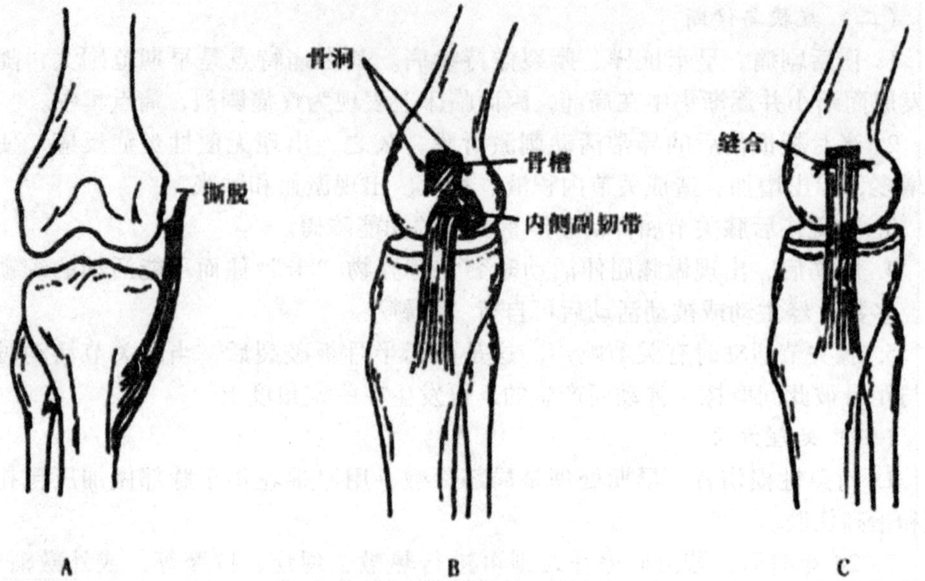

图 6－4　膝内侧副韧带损伤图

（二）症状与诊断

1. 伤后出现一时痉挛性疼痛。

2. 膝内侧压痛、肿胀、皮下瘀血、小腿外展或膝伸时疼痛与功能障碍。

3. 关节内积血：这是严重的联合损伤的信号，意味着关节内韧带损伤，半月板可能撕裂。

4. 侧扳试验呈阳性。

（三）处理方法

1. 现场立即冷敷、加压包扎、制动，减少出血、止痛，以避免并发症。

2. 伤后 24 小时左右可视伤情，采取中药外敷或内服、按摩、理疗、康复训练等手段，促进淋巴和血液循环，加速渗出液和积血的吸收。

3. 膝内侧副韧带不完全断裂的早期治疗，主要是防止创伤部继续出血，并适当固定。

4. 膝内侧副韧带完全断裂最好的治疗方法是手术缝合。

四、腰部肌肉筋膜炎（腰肌劳损）

（一）损伤原因

腰肌筋膜炎，其病理改变是多种多样的，包括神经、筋膜、肌肉、血管、脂肪及肌腱的附着区等不同组织的变化。一般多系急性扭伤腰部后，治疗不彻底即参加运动，逐渐劳损所致。另外，锻炼中出汗受凉也是重要成因之一。

（二）症状与分析

1. 有局部酸疼发沉等自发性疼痛，最常见的疼痛部位是腰椎 3、4、5 两侧骶棘肌鞘部，不少患者同时感觉有疼麻放射到臀部或大腿外侧。疼痛于坐站较久或走路多时加重，清晨 3 ~4 点钟时加重，更换体位，按摩或扣打可减轻症状。

2. 大部分伤者尚能坚持中小运动量的锻炼，往往表现为练习前后疼痛。

3. 在脊柱活动中，特别是前屈时常在某一角度内出现腰痛。腰背痛的局部可有硬结，或骶棘肌痉挛。一般患者腰背部均可触到明显的压痛点，有的还有放射痛。

（三）处理方法

可采用理疗、按摩、针灸、封闭、口服药物、用保护带（围腰）及加强背肌练习等非手术治疗手段；对顽固病例可手术治疗。

腰肌功能锻炼方法如下图。

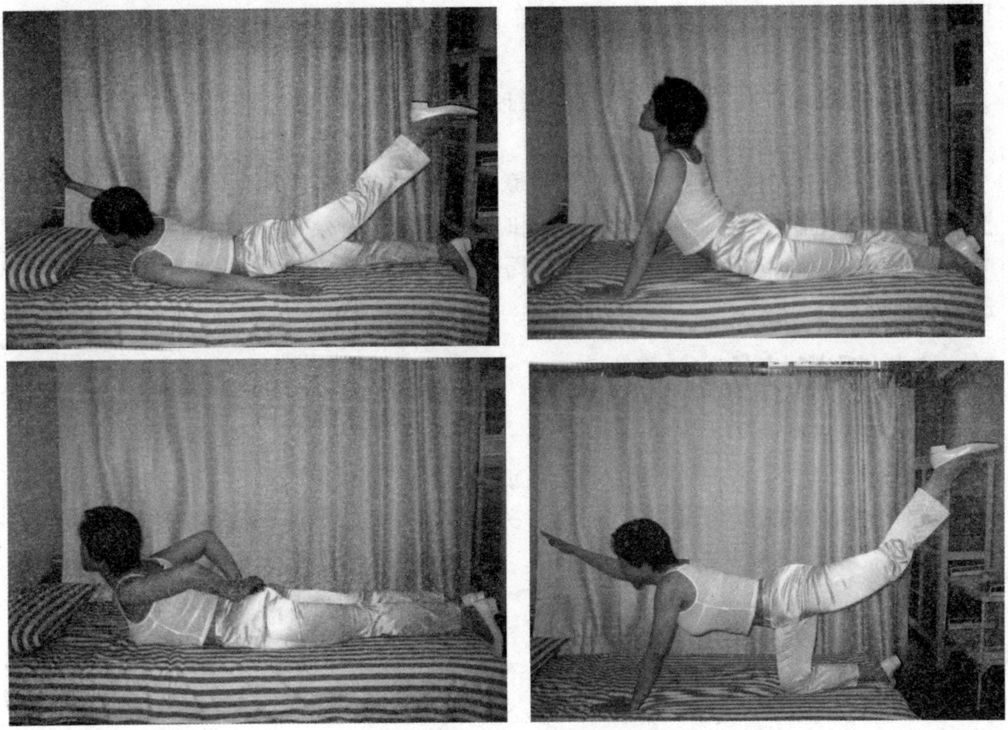

图 6 –5　锻炼腰肌功能

五、大腿后部屈肌拉伤

（一）损伤原因

跳起上篮、防守时跳起拦截，或蹬跨移动等动作中，使肌肉主动收缩或被动拉长而超出其所能承担的能力时，则可引起大腿部肌肉的急性拉伤。准备活动不充分、不当地使用暴力、疲劳或负荷过度、技术动作有缺点、气温过低、场地不良是常见的致伤原因。

（二）症状与诊断

1. 有明显受伤动作和受伤过程。

2. 局部疼痛，伴有肌肉紧张、僵硬，肿胀处可伴有瘀血。

3. 令患者做肌肉主动收缩被动牵伸动作时，局部明显压痛，受伤肢体功能障碍。

4. 发生肌肉断裂者，在肌肉断裂部可触摸到凹陷或出现一端异常膨大，或呈“双峰”畸形。

（三）处理方法

1. 肌肉微细损伤或伴有少量肌纤维撕裂者，伤后应立即给予冷敷，局部加压包扎，休息时应抬高患肢。

2. 24～48 小时后可开始理疗和按摩，按摩时手法宜轻柔，伤部仅能做些轻推摩，伤部周围可做揉、捏、搓等，同时配合点压穴位（宜取伤周穴位）。

3. 如肌肉大部或完全断裂者，在局部加压包扎并适当固定患肢后，应立即送往医院诊治。

六、手指挫伤

（一）损伤原因

在篮球运动中，由于准备活动不足或自我保护能力差等原因，手指向侧方偏曲或过伸性扭伤时常常引起韧带损伤、关节囊撕裂，严重者可产生关节脱位。手指挫伤是篮球运动常见的损伤。

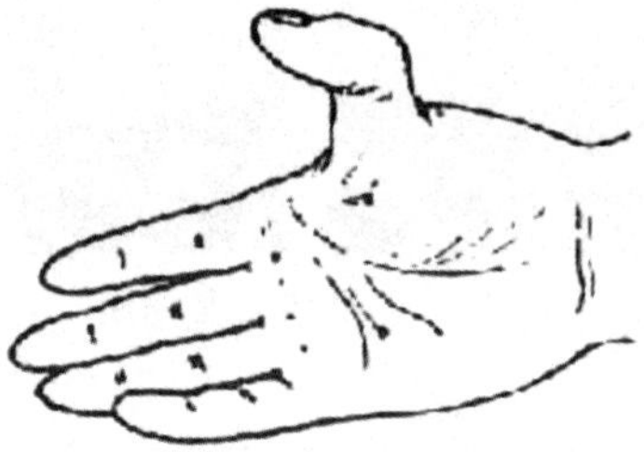

图 6－6　手指挫伤

（二）症状与诊断

1．手指关节肿胀明显，且经久不易消失。

2．若韧带撕裂，则其撕裂处必定疼痛及肿胀严重。

3．关节囊前壁或腱板断裂者，关节背伸范围加大。

4．如有撕脱骨片，活动时常有轻的骨摩擦音。

（三）处理方法

1．单纯关节扭挫伤，可用粘膏支持带保护固定，48 小时后，开始屈伸活动。如中指指间关节的尺侧副韧带损伤时可将环指与中指用两条粘膏固定在一起，侧副韧带伤的粘膏固定法如图。这样，环指即起夹板的作用，既可避免再伤又可早期活动并参加锻炼。

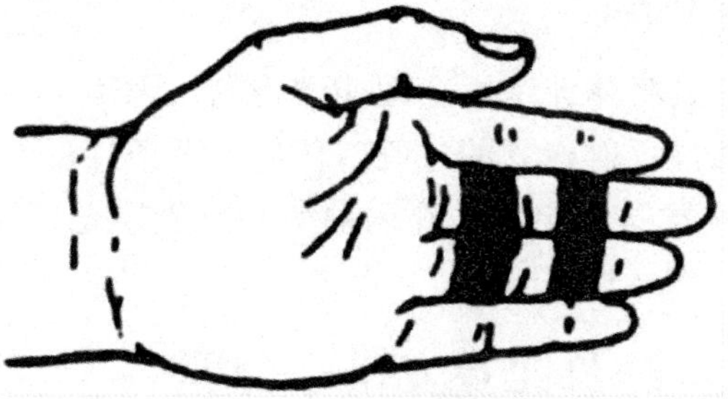

图 6－7　用粘膏固定

2．指间关节稍有肿胀及侧方活动时，宜采用铝制夹板将指屈固定 3 周，然后练习活动。

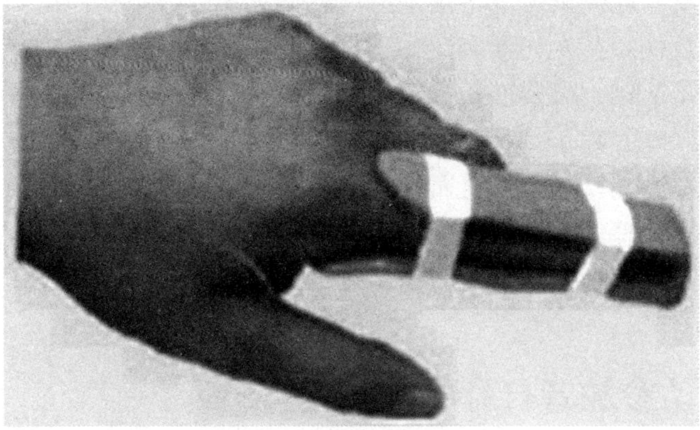

图 6－8　用铝制夹板固定

3．陈旧性侧副韧带撕裂损伤并有关节松弛不稳时，采用手术治疗。

第二节 篮球运动损伤的原因

一、对运动损伤的预防认识不足

运动损伤的发生往往与体育运动组织者、教练员、运动员对预防运动损伤认识不足有关。由于缺乏运动损伤的基本知识，以及平时不注意对学生进行安全教育，在训练和比赛中，未积极采取各种行之有效的预防及保护措施，发生运动损伤后又未认真分析原因，总结经验，从而导致运动损伤时常发生。

二、训练水平差

很多人对素质差及身体训练不全面能致伤的认识不足。从生理学的角度讲，无论哪种训练都是条件反射建立的过程，任何一种条件反射的动力定型不巩固，就会出现失误，就易发生损伤。此外运动员心理素质差、比赛前紧张或过度兴奋、注意力不集中等均是致伤原因。

三、教学、训练及比赛安排不合理

（一）活动不当

准备活动的目的是使神经系统、运动系统和内脏器官得到充分调动，以适应正式运动的需要。如果未做准备活动或准备活动不充分将会因肌肉力量、弹性和伸展性不够而致伤。其次如准备活动量过大，或准备活动与专项运动结合得不好或未做专项准备活动，以及准备活动未遵守循序渐进的原则等都容易受伤。

（二）未遵守科学的训练原则

科学的训练原则就是严格遵循训练的客观规律，按照机体负荷大小与应激程度的适应性规律合理安排训练计划。安排练习的内容缺乏系统性、渐进性、个别性，局部练习过多，常发生慢性损伤；运动量过大、时间过长、频度过高等均可出现损伤。

四、运动参加者自身状态不良

自身状态包括生理机能和心理状态两个方面。前者如睡眠不好、疲劳患病或伤病初愈等均可使运动员力量及动作协调性下降、注意力不集中，从而导致技术上的错误而致伤；后者如心情不愉快、恐惧、胆怯或急躁情绪等都容易发生运动损伤。

五、缺乏医务监督

运动参加者必须在训练前或比赛前进行体检及运动机能评定，以便为教练员提供科学的信息从而合理地安排训练。因此，缺乏医务监督也是导致运动损伤的重要原因之一。

六、场地、器材、服装不符合要求

场馆光线不符合要求，通风差，场地不平，过硬、过滑，服装、鞋袜大小不适等，均是引起损伤的因素。

七、违反规则

运动员动作粗野、不遵守运动规则，也是造成损伤的重要原因之一。

第三节　篮球运动损伤的预防

一、提高自我保护意识，掌握自我保护技能

由于篮球运动属于身体直接接触、高强度对抗、空中动作很多的竞技性运动项目，提高自我保护意识、强化保护动作的专门训练，是积极预防出现意外损伤的一个关键环节。自我保护意识包括运动员对对方队员可能使用的伤害性动作的预见和对其他情况的估计两方面。自我保护技能一方面要掌握正确的技术动作，要规范、协调、合理地运用；另一方面遇到跌倒、跳起落地身体不平衡时，运用屈膝、屈肘等技巧进行缓冲。

二、充分做好准备活动和整理活动

充分做好准备活动是预防运动创伤的重要措施之一。准备活动要适宜，要有针对性，要循序渐进，从易到难。在准备活动的量与时间安排上，以身体发热、稍微出汗为宜。另外，运动后要注意整理放松，它对于消除人体疲劳、防止肌肉僵硬、预防运动损伤有很好的作用。

三、科学合理地安排运动量

运动量的多少和强度的大小，要根据身体的状态来安排。安排时要适合身体的承受力，运动负荷要由小到大，逐渐提高。

四、加强全面的身体素质锻炼，掌握正确的技术动作

运动时要注意技术动作的正确性，加强保护措施。同时，全面加强身体素质的锻炼，特别是加强各关节力量和柔韧性的锻炼，从而提高身体机能和承担运动负荷的能力。

五、学习掌握竞赛规则

不熟悉竞赛规则，无防伤意识，在锻炼中相互斗玩或打闹，动作粗野，这些都是造成运动损伤的原因。因此，要注意学习规则，在运动中注意力要集中，不能随便乱开玩笑或相互打闹，要有良好的体育道德。

六、保持良好的身体机能和心理状态

运动前要了解自己的身体状态，有伤病时不要从事运动或从事轻微的运动，在运动中要高度地集中注意力，调整好自己的心理状态，用良好的心理状态参加篮球运动。注意生活作息与合理的营养补充，防止身体过度疲劳，保持身体机能状况正常及身体健康。

七、场地器材设备

场地设备使用前要注意检查，排除场地、器材条件中存在的隐患，在室外运动时光线不足要停止运动。

第七章
篮球运动竞赛组织与裁判工作

组织有序、竞赛公平是保证篮球竞赛顺利进行的必要条件。本章主要阐述了篮球运动竞赛组织工作及程序、常用的篮球竞赛制度与方法及主要竞赛规则（包括场地、器材、比赛通则、违例、犯规等），使篮球爱好者更好地参与和欣赏篮球运动。

第一节　篮球运动竞赛组织工作

篮球比赛的组织工作是确保比赛能够顺利进行，并能产生公正合理的比赛结果的重要前提。无论是国际的各种篮球比赛，还是学校组织的班级间的篮球比赛，都要认真做好一系列的竞赛组织工作。

一、建立符合比赛要求的竞赛组织机构

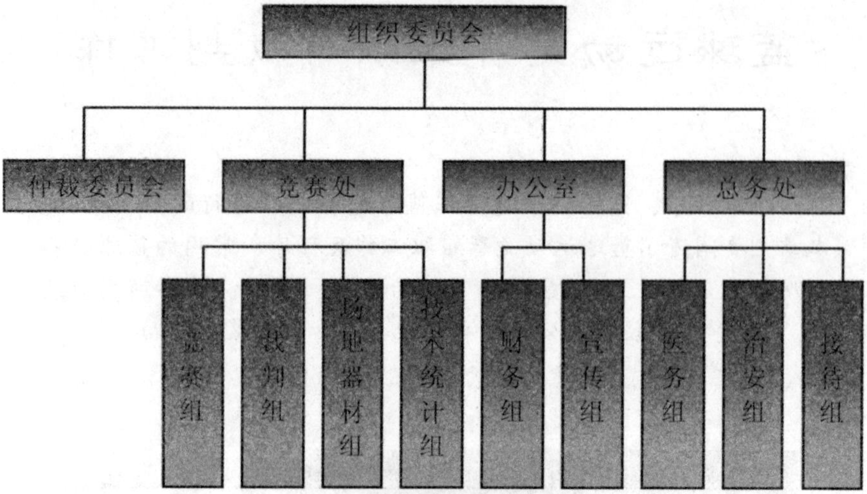

图7-1　全国性竞赛组织机构

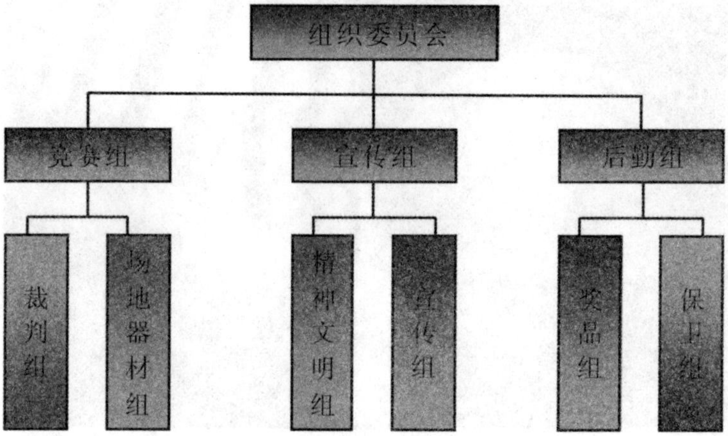

图7-2　基层竞赛组织机构

二、竞赛组织工作以及程序

（一）制定竞赛规程

竞赛规程的主要内容包括竞赛名称、目的、任务、日期、地点、参加单位及人数限定、参赛者资格、报名及报到日期、竞赛办法、竞赛所采用的规则、名次评定和奖励办法、抽签时间和地点及注意事项。

（二）接受报名

确定参赛队伍数量和审核运动队、队员资格是否符合规定。

（三）确定比赛方案

根据报名的实际队数以及比赛的时间和条件，确定如何组织比赛，通过抽签，确定各队的位置。

（四）编排竞赛日程

根据比赛的时间和抽签的结果，排定日期、时间、场地等比赛秩序。

（五）编印秩序册

将与比赛有关的文件、组织机构、参赛单位及运动员、竞赛日程及成绩登记表编印成册，在开赛前发至各队。

（六）实施比赛

由竞赛部门和裁判长，按照比赛的日程通过安排裁判员实施比赛。

（七）决出比赛名次及颁发奖品

比赛名次由最终成绩得出，后勤组应提前准备好相应的奖品。

第二节　篮球运动竞赛制度和方法

一、篮球竞赛制度

篮球竞赛制度是为保证各种篮球比赛能在规定的时间内、地点内，有计划、有组织地完成所采用的制度。目前广泛实施的有赛会制和赛季制两种。

（一）赛会制

赛会制是让参加比赛的球队集中在一个地方，用几天或十几天的时间，连续进行比赛的一种竞赛制度。

赛会制的运用范围比较广泛，其特点是比赛队伍较集中，比赛地点固定，时间短，比赛场次连续，比赛强度大，调整、恢复时间短，容易产生疲劳。由于时间短、比赛多，所以对承办单位有较高的要求，比赛前要做好各方面的准备。如奥运会篮球赛、世锦赛等都是采用这种赛制。

（二）赛季制

赛季制是一种竞赛时间较长，参赛队伍不集中，分别在参赛队各自的赛地进行比赛，参赛队每赛完一场后需移地并有若干休整天的一种分主、客场的竞赛制度。

赛季制最明显的一个特点就是采用主、客场的形式进行比赛。竞赛期较长，一般约为半年，通常是跨年度的，可以根据比赛性质、时间和水平，安排比较多的比赛场次。但由于主、客场的比赛队伍经常往返于赛地，要有雄厚的经济实力保证，因而赛季制比赛应用的范围比较小，一般只是在一个国家内最高水平的比赛中运用。如美国的 NBA 比赛，从 1946 年起就用这种跨年度的赛季制，中国篮球协会举办的 CBA 和 WCBA 比赛中也实行赛季制。

（三）混合制

混合制是在一个竞赛过程中，将赛会制和竞赛制结合起来实施的竞赛制度，通常是竞赛前期采用集中在一起进行比赛，竞赛后期采用主、客场的形式进行比赛。我国目前举办的全国男子篮球联赛（简称 NBL）实行的就是这种混合制。

二、篮球竞赛方法

篮球比赛常用的竞赛方法主要有淘汰法和循环法，将两种方法结合起来运用的叫混合法。比赛方法的选用要依据比赛的时间、场地和队数等实际情况确定。

（一）淘汰法

淘汰法是在比赛中以胜进负退来确定比赛名次的一种方法，失败一次便失去继续比赛资格的为单淘汰，失败两次失去继续比赛资格的为双淘汰。淘汰法一般在参赛队伍多、经费不足、比赛时间短的情况下进行。

1. 单淘汰

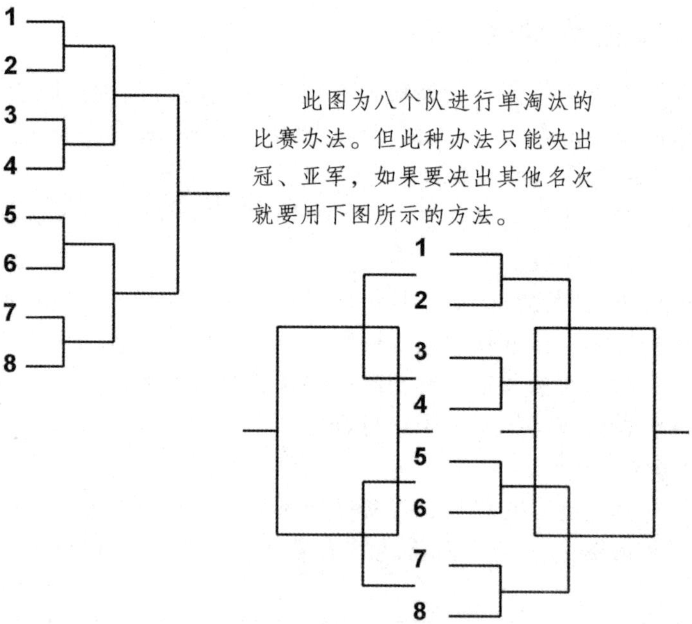

图 7－3　单淘汰法示意图

2. 双淘汰

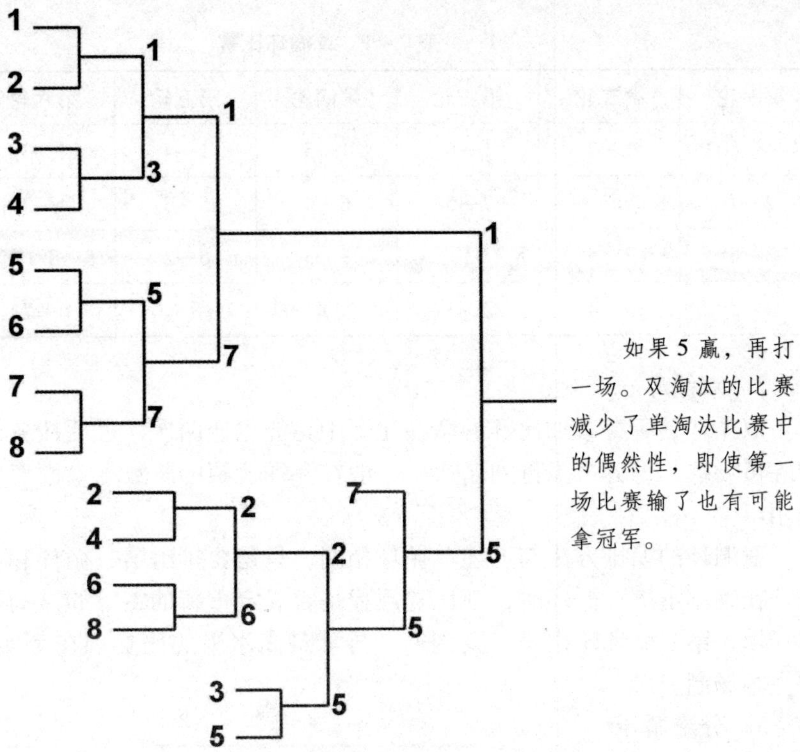

图7－4　双淘汰法示意图

（二）循环法

循环法是使参加比赛的队，在整个竞赛中或在同一组的竞赛中，都能够相遇比赛，最后根据各队在比赛中的胜负场数，按一定的计分规定排列名次的一种办法。所有参赛队都能相遇一次的为单循环，能相遇两次的为双循环，能相遇两次以上的为多循环。在参赛队数较多而竞赛时间有限的情况下，往往把参赛队分成若干小组，分别进行单循环，这就是从单循环衍生出来的分组循环。

1. 单循环

（1）单循环比赛的轮数：如果参赛队为单数，则比赛轮数等于队数；如果参赛队是双数，则比赛轮数等于队数－1。例如：7个队参加单循环比赛则比赛的轮数为7轮；8个队参加单循环比赛则比赛的轮数为7轮。

（2）单循环比赛的场数：队数×（队数－1）/2。

（3）单循环的编排：单循环比赛的编排一般是采用固定1号位置的“逆时针轮转法”，每轮转一个位置，排出各轮的比赛顺序，如遇单数则补“0”成双数。凡与“0”相遇的队即为轮空。

表 7－1　单循环比赛

第一轮	第二轮	第三轮	第四轮	第五轮	第六轮	第七轮
1—8（0）	1—7	1—6	1—5	1—4	1—3	1—2
2—7	8（0）—6	7—5	6—4	5—3	4—2	3—8（0）
3—6	2—5	8（0）—4	7—3	6—2	5—8（0）	4—7
4—5	3—4	2—3	8（0）—2	7—8（0）	6—7	5—6

2. 双循环

双循环是所有参加比赛的队在比赛中均能相遇两次，最后按各队在全部比赛中胜负场数、得分多少排列名次。一般在参加比赛的队数多，而竞赛时间较长时采用。

双循环的编排方法与上述单循环相同，只是要排出第一循环和第二循环轮次表。在编排出第二循环时，视比赛规程是否规定重新抽签，如需则按重新抽签的序号填入第二循环轮次表。我国篮、排球最高水平的比赛现在都实行双循环制，即主客场制。

3. 分组循环

在参加比赛队数较多，而时间较短的情况下，为了能较合理地确定名次，经常采用分组循环的方法。一般采用抽签分组，为避免各组强弱不均，可将强队作为种子队分在各组，也可以根据上年度比赛名次进行蛇形排列分组。分组循环赛分预赛和决赛两个阶段，采用的方法如下表所示：

表 7－2　分组循环比赛

<table>
<tr><th></th><th>预赛</th><th>决赛</th></tr>
<tr><td>（1）</td><td rowspan="4">预赛采用分组循环赛</td><td>决赛采用单循环赛</td></tr>
<tr><td>（2）</td><td>决赛采用交叉赛</td></tr>
<tr><td>（3）</td><td>决赛采用同名次赛</td></tr>
<tr><td>（4）</td><td>决赛采用淘汰赛</td></tr>
<tr><td>（5）</td><td colspan="2">佩奇制：预赛分成两个组进行单循环赛，决赛由两个组的第二名进行比赛，胜者与两组的第一名比赛的负者进行比赛，负者获第三名，胜者与两组的第一名比赛的胜者争夺冠亚军。</td></tr>
</table>

4．循环法的名次确定

采用循环法的比赛，以积分的多少来确定最后的比赛名次。胜一场得 2 分，负一场得 1 分，弃权为 0 分。如遇两队积分相等，则按两队相互比赛的胜负排列名次；若是三队及以上队伍积分相等，则按这几个队之间的比赛成绩排列名次；如仍相等，则按其之间比赛时的得失分率排列名次；如仍相等，则按其在全组内所有比赛的得失分率排列名次。

表 7－3　比赛得分记录表

队名	A	B	C	D	E	F	积分	相互间			总得失分率	名次
								胜场	负场	得失分率		
A												
B												
C												
D												
E												
F												

第三节　篮球运动的主要规则

一、篮球比赛

每场篮球比赛由两个队参加，每队出场 5 名队员。每队的目标是在对方球篮得分，并阻止对方队得分。篮球比赛由裁判员、记录台人员和技术代表管理。

二、篮球比赛场地和器材

（一）篮球比赛正规场地

1．场地尺寸

长 28 米、宽 15 米（从界线的内沿测量）的长方形场地。

2. 界线

所有的线应用相同的颜色（最好白色）画出，宽5厘米并清晰可见。界线属于界外。球场长边的界线叫边线，短边的界线叫端线。

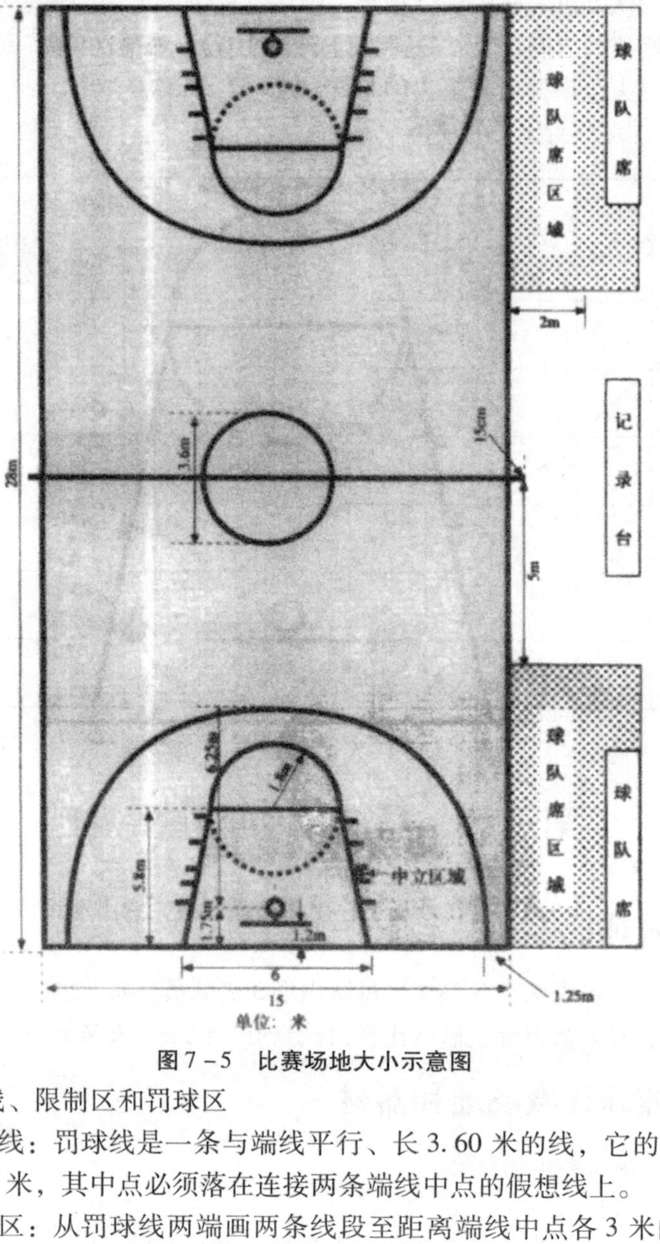

图7－5　比赛场地大小示意图

3. 罚球线、限制区和罚球区

（1）罚球线：罚球线是一条与端线平行、长3.60米的线，它的外沿距离端线内沿为5.80米，其中点必须落在连接两条端线中点的假想线上。

（2）限制区：从罚球线两端画两条线段至距离端线中点各3米的地方（均

从外沿量起）所构成的地面区域叫限制区。

（3）罚球区：罚球区是限制区加上以罚球线中点为圆心、以 1.80 米为半径，向限制区外所画出的半圆区域。罚球区两旁的位置区，供球员在罚球时使用。第一条线距离端线内沿 1.75 米（沿罚球区两侧边线丈量）；第一位置区的宽度为 0.85 米，并且与中立区的始端相接；中立区的宽度为 0.40 米，并且用和其他线条相同的颜色涂实；第二位置区与中立区相邻，宽度为 0.85 米；第三位置区与第二位置区相邻，宽度也是 0.85 米。所有用来画这些位置区的线条，其长度均为 0.10 米，并且与罚球区边线垂直。

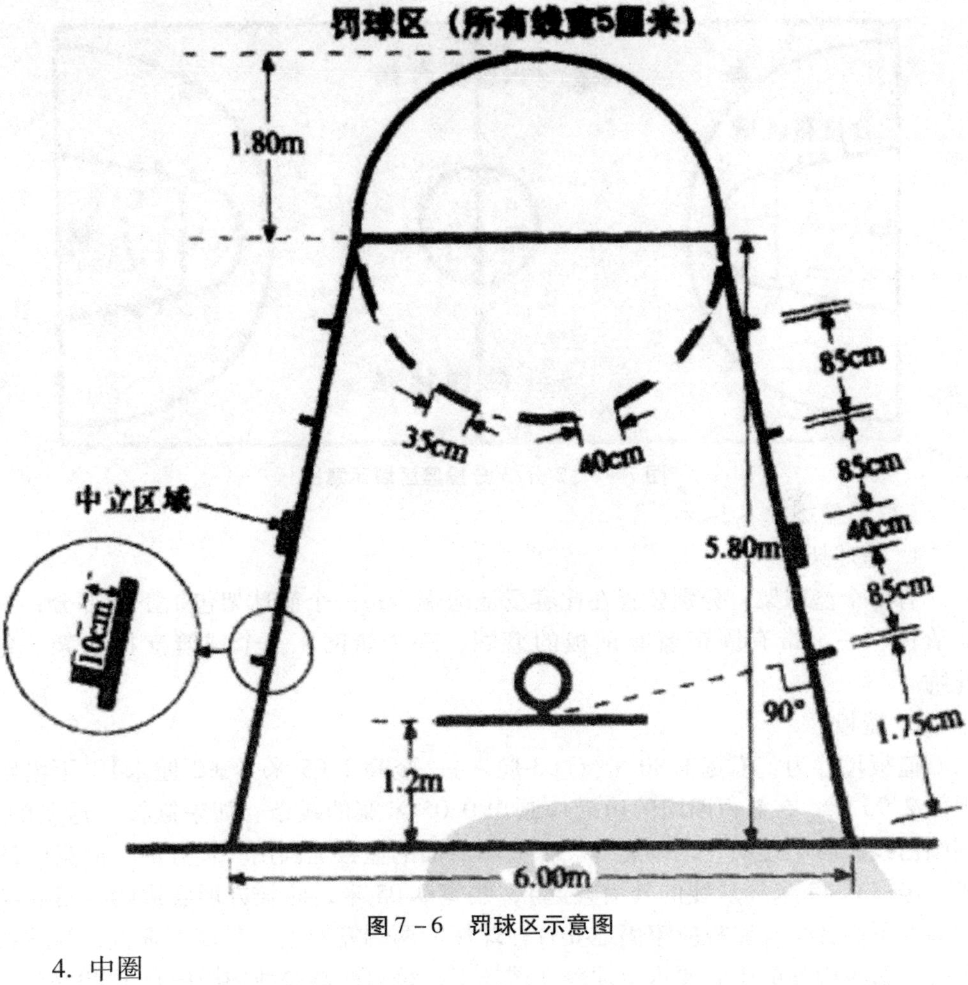

图 7－6　罚球区示意图

4. 中圈

中圈位于球场的中央，是以中线的中点为圆心、以 1.80 米为半径画成的（从圆周的外沿丈量）。

5. 3 分投篮区

某队的 3 分投篮区是除对方球篮附近被下述条件限制出的区域之外的整个比赛场地的地面区域，这些条件包括：

其一，分别距边线 1.25 米，从端线引出两条平行线；

其二，半径为 6.25 米（量至圆弧外沿）的圆弧（半圆与两条平行线相交）；

其三，该圆弧的圆心要在对方球篮的中心垂直线与地面的交点上，圆心距端线内沿中点的距离为 1.575 米。

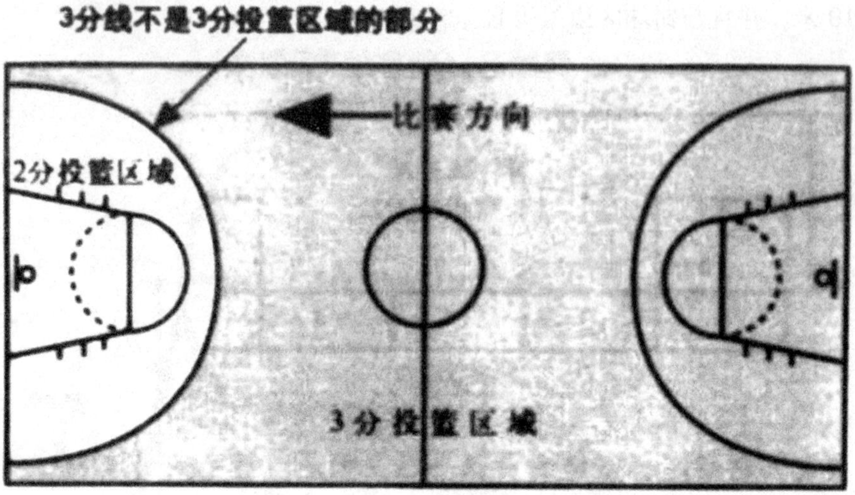

图 7－7　2 分/3 分投篮区域示意图

（二）篮球比赛器材

1. 篮球架

有 2 个篮球架，分别放置在比赛场地两端，每一个篮球架包括下列部分：一块篮板、一个带有固定篮圈钢板的篮圈、一个篮网、一个球篮支撑构架、包扎物。

2. 篮板

篮板尺寸为：横宽 1.80 米（±3 厘米），竖高 1.05 米（±2 厘米），下沿距地面 2.90 米。在篮板四周的边沿应画出 0.05 米宽的线条，如果篮板是透明的，则画白线；若不透明，则画黑线。在篮圈后面的篮板上画出一长方形，横宽 0.59 米，竖高 0.45 米（从线的外沿量起），线宽 0.05 米，此长方形底边的上沿要与篮圈水平面齐平。篮板应牢固地安置在球场的两端篮架上，与地面垂直，与端线平行。篮板前面的中心要垂直地落在球场上，该点距离端线内沿中点 1.20 米。

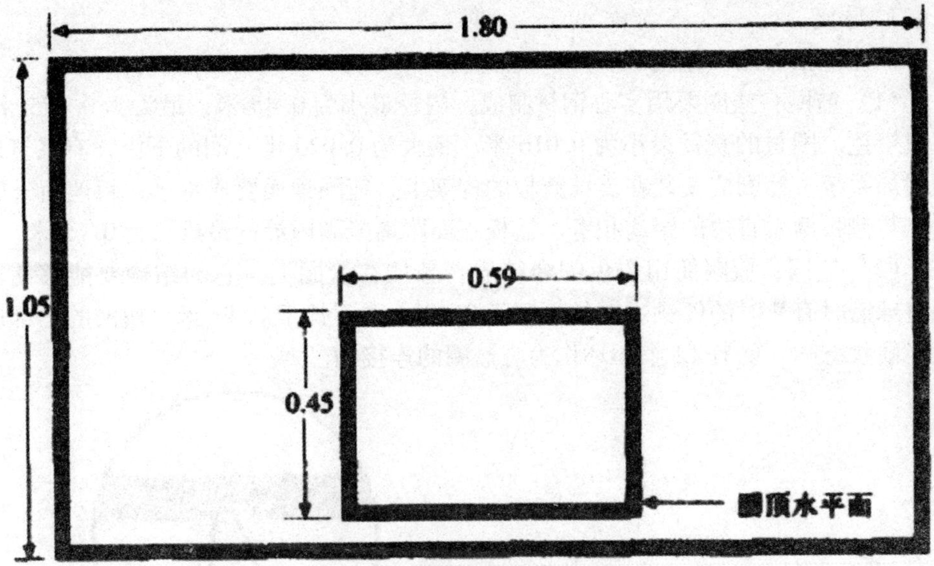

图 7－8　篮板尺寸大小示意图

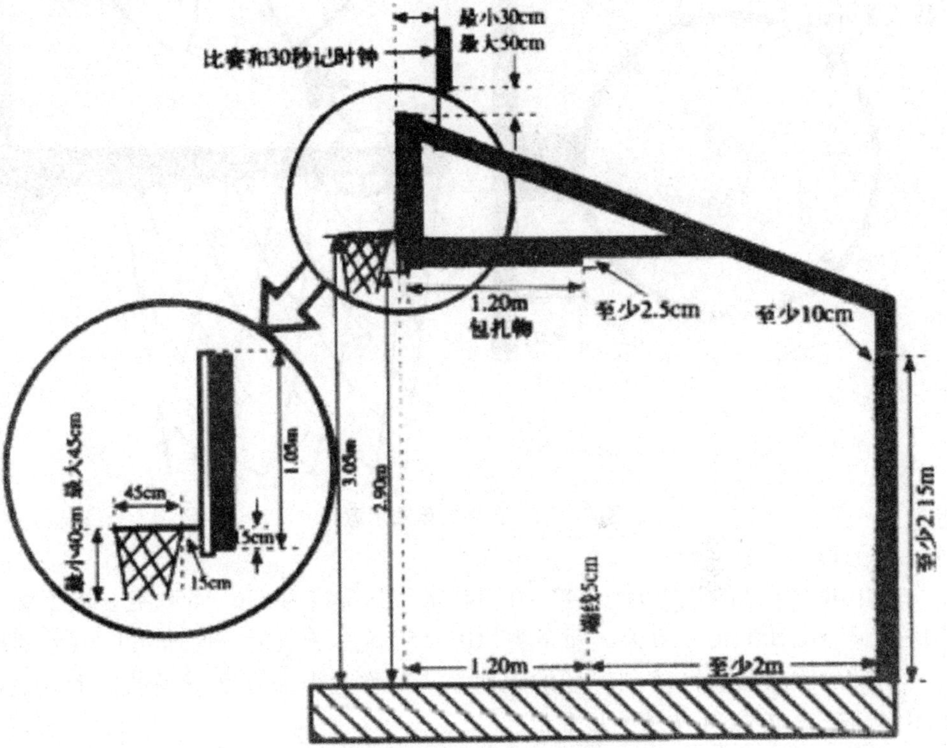

图 7－9　正规的篮板支撑示意图

3. 球篮

球篮包括篮圈和篮网。

（1）篮圈：篮圈要用实心钢材制成，内径最小为 0.45 米，最大为 0.475 米，漆成橙色。圈材的直径最小为 0.016 米，最大为 0.020 米，圈的下沿设有系篮网的附加系统。篮圈应安装在支撑篮板的构架上，篮圈顶面要成水平，距地面 3.05 米，与篮板两垂直边的距离相等。篮板正面距离篮圈内沿的最近点为 0.15 米。

（2）篮网：篮网使用白色细绳结成，悬挂在篮圈上。它的结构要能够使球穿过球篮时有暂时的停顿。网长不短于 0.40 米，不长于 0.45 米。篮网的上部应是半硬状态的，要有 12 个小环作为与篮圈的连接物。

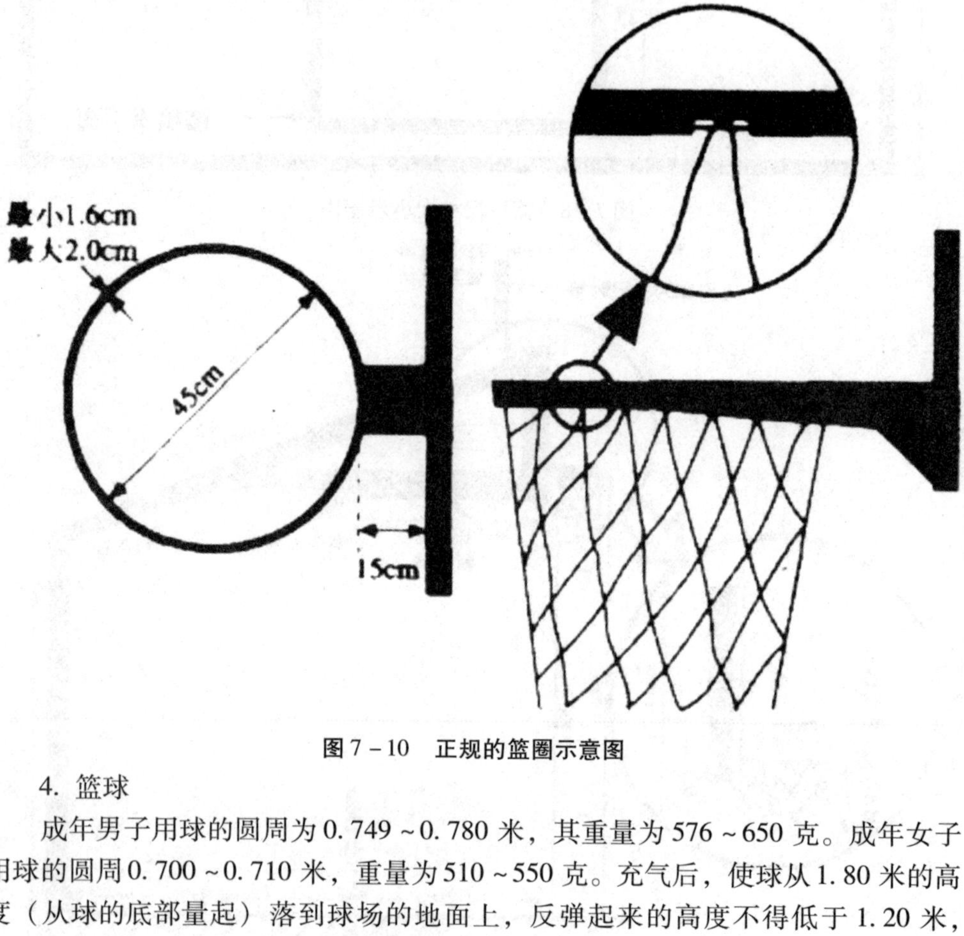

图 7－10　正规的篮圈示意图

4. 篮球

成年男子用球的圆周为 0.749～0.780 米，其重量为 576～650 克。成年女子用球的圆周 0.700～0.710 米，重量为 510～550 克。充气后，使球从 1.80 米的高度（从球的底部量起）落到球场的地面上，反弹起来的高度不得低于 1.20 米，也不得高于 1.40 米（从球的顶部量起）。

三、比赛通则

（一）比赛时间

篮球赛由4节组成，每节10分钟，决胜期的时间为5分钟。在第一节和第二节之间（即第一半时）、第三节和第四节之间（即第二半时）以及每一决胜期之前应有2分钟的比赛休息时间。每半时之间的比赛休息时间应为15分钟。

（二）比赛的开始与结束

第一节，由主裁判在中圈执行跳球，当主裁判抛出的球被一名跳球队员合法拍击时第一节比赛正式开始，球被跳球队员拍击的一瞬间，计时员开始计时。

其后所有各节比赛均由拥有掷球入界权的队在记录台对面边线中点处掷球入界处开始比赛。第三节比赛开始前，双方球队应交换比赛场地。在一节或决胜期的比赛时，在结束比赛时间的计时钟信号响时，为比赛结束。

（三）活球与死球

1. 活球

（1）跳球中，球被一名跳球队员合法拍击时；

（2）罚球中，罚球队员可处理球时；

（3）掷球入界中，掷球入界队员可处理球时；

2. 死球

（1）任何投篮或罚球中篮时；

（2）球是活球，裁判员鸣哨时；

（3）比赛计时钟信号响以前每节时；

（4）队控制球24秒钟装置信号响时；

（四）暂停

在第一半时每队有2次暂停；第二半时每队有3次暂停；每一次决胜期有1次暂停。每次暂停的时间为1分钟。只有教练员或助理教练员有权请求暂停，并应亲自到记录员处作出规定的暂停手势请求暂停。

图 7－11　暂停手势

（五）替换

在比赛中只有替补队员有权请求替换，并应到记录台前做好替换手势要求替换，并及时做好比赛的准备。

图 7－12　替换手势

（六）交替拥有

当场上发生了一次跳球的情况时，由比赛双方依次轮流拥有控制球权，在界外掷球入界开始比赛，而不是以跳球的方式使球成活球的一种方法。

四、违例

违例是违犯规则的行为。对于违例的罚则是：由对方在最靠近发生违例的地点掷界外球，但直接位于篮板后面的地方除外。

（一）队员出界与球出界

当队员的身体的任何部分接触界线上、界线上方或界线外的除队员以外的地面或任何物体时，即是队员出界。

当球触及下列物体即是球出界：

1. 在界外的队员或任何其他人员；
2. 界线上、界线上方或界线外的地面或任何物体；
3. 篮板支撑架、篮板背面或比赛场地上方的任何物体。

在球出界甚至球触及除队员以外的其他物体而出界之前，最后触及球或被球触及的队员是使球出界的队员。

图 7－13　队员出界与球出界手势

（二）掷球入界违例

掷球入界时，掷界外球的队员必须遵守下列规定，否则可判为违例：

1. 可处理球时，队员应在5秒钟内使球进入场内。

2. 掷界外球的队员在球未离手前，不得在裁判员指定的地点横向移动超过1米或向左右方向移动。

3. 掷界外球时，脚踩线不算违例，只有当身体触及场内地面时才算违例（界线属于界外）。

4. 掷界外球时，掷出的球不得碰到篮板背面、支柱、天花板或卡在篮圈支颈上，或直接中篮。

5. 在掷出的球触及场上队员之前，掷球入界的队员进场不得首先触及球。

（三）非法运球（两次运球）

当在场上已获得控制活球的队员将球掷、拍、滚或运在地面上，并在球触及另一队员之前再次触及球为运球开始。当队员双手同时触及球或允许球在一手或双手中停留时运球结束。

队员第一次运球结束后，不得再次运球，否则可判为运球违例。下列情况不算两次运球：连续投篮、一次运球的开始或结束时漏接球，即接球不稳；利用连续挑拍动作试图获得球；用拍击的方式试图获得球。

图7－14　两次运球手势

（四）带球走

当队员在场上持着一个活球，其一脚或双脚超出规则的限制向任何方向非法移动时，即是带球走。判断带球走的关键是确定和观察持球队员的中枢脚。

图 7－15　带球走手势

（五）违反时间规定

1. 3 秒违例

当某队在前场控制活球并且比赛计时钟正在运行时，该队的队员不得停留在对方的限制区内超过持续 3 秒钟，否则可判该队员违例。

图 7－16　3 秒违例手势

2. 5 秒违例

比赛中发生 5 秒违例主要有以下三种情况：

（1）掷界外球时，执行掷球入界的队员从可处理球时到球离手不得超过 5 秒钟。

（2）罚球时，执行罚球的队员从可处理球时到球离手不得超过 5 秒钟。

（3）一名队员正持着活球，被对方队员严密防守时必须在 5 秒钟内传球、投篮或运球。

图 7－17　5 秒违例手势

3. 8 秒违例

当一名进攻队员在他的后场获得控制活球时，他的队必须在 8 秒内使球进入他的前场，否则可判该队违例。

图 7－18　8 秒违例手势

4. 24 秒违例

当一名进攻队员在场上获得控制活球时，他的队必须在 24 秒内试图投篮；

在24秒钟装置的信号发出前，球必须离开投篮队员的手，球离手后，必须触及篮圈或进入球篮，否则可判该队违例。

图7－19　24秒违例手势

（六）球回后场

球回后场是指控制队的队员在前场使球回到后场。在比赛中，当控制球队的队员使球进入了前场，或在球触及有部分身体接触中线或位于中线的该队队员，然后，又使球首先接触了后场地面的该队队员即为该队球回后场违例。

根据上述规定，判断是否球构成球回后场，应同时满足以下三个要素：

1．控球队队员在前场控制了球。

2．控球队队员使球从前场进入后场。

3．控球队队员在后场首先触及球。

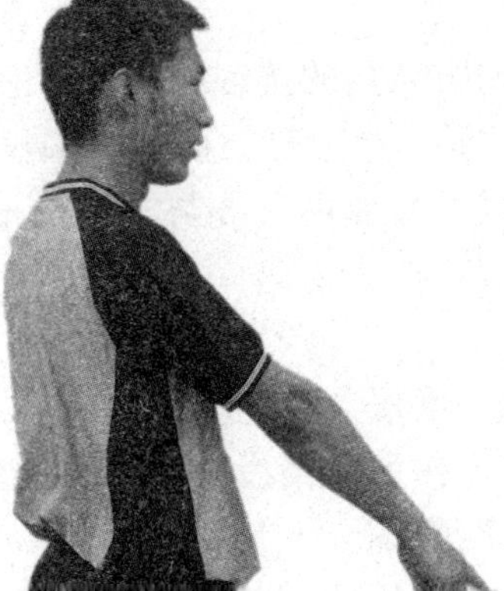

图7－20　球回后场违例手势

（七）脚踢球与拳击球

在篮球比赛中，故意用脚踢球或用腿的任何部位拦阻球以及用拳击球都是违例，球偶然地触及脚或腿不算违例。

图 7－21　脚踢球或拳击球违例手势

五、犯规

（一）侵人犯规

侵人犯规是指队员与对方队员的接触犯规，无论球是死球还是活球队员不应通过伸展他的手、臂、肘、肩、髋、腿、膝或脚来拉、挡、推、撞、绊对方队员行进；不应将其身体弯曲成“反常的”姿势（超出他的圆柱体）；也不应做出任何粗野或猛烈的动作。

罚则：

1．应给犯规队员登记一次侵人犯规。

2．如果是对未做投篮动作的队员发生犯规，应由非犯规的队在靠近犯规的地点掷球入界，重新开始比赛。

3．如果是对正在做投篮动作的队员发生犯规，投球中篮，应计得分并判给 1 次追加的罚球；如果投篮未中，应按投篮区域，判给 2 次或 3 次罚球。

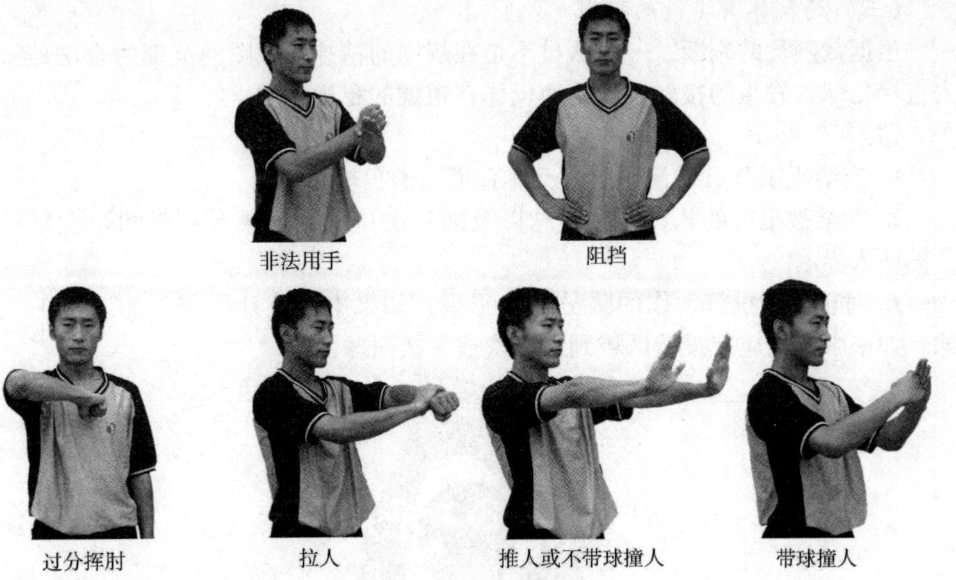

图 7－22　侵人犯规手势

（二）双方犯规

双方犯规是两名互为对方的队员大约同时相互发生侵人犯规的情况。

罚则：

1. 应给每一犯规队员登记一次侵人犯规。不判给罚球。

2. 投篮有效或最后一次或仅有一次的罚球得分，应将球判给非得分队从端线的任何地点掷球入界。

3. 某队已控制了球或拥有球权，应将球判给该队在最靠违犯的地点掷球入界。任一队都没有控制球也没有球权，一次跳球情况发生。

图 7－23　双方犯规手势

（三）违反体育道德的犯规

根据裁判员的判断，一名队员不是在规则的精神和意图的范围内合法地试图去直接抢球，发生的接触犯规是违反体育道德的犯规。

罚则：

1. 应给犯规队员登记一次违反体育道德的犯规。

2. 判给被犯规的队员 2 次罚球以及随后由该队在记录台对面的中线延长部分掷球入界。

3. 对正在做投篮动作的队员发生犯规，如果中篮应计得分并加判给 1 次罚球。如未中篮，应视投篮区域判给 2 次或 3 次罚球。

图 7－24　违反体育道德的犯规手势

（四）取消比赛资格的犯规

队员、替补队员、被逐出的队员、教练员、助理教练员或随队人员的任何恶劣的违反体育道德的行为是取消比赛资格的犯规。

罚则：

1. 应给犯规者登记一次取消比赛资格的犯规，并要求他立即离开比赛场馆。

2. 判给对方队两次罚球以及随后中场的求权。

3. 对正在做投篮动作的队员发生犯规，如果中篮应计得分并加判给 1 次罚球。如未中篮，应视投篮区域判给 2 次或 3 次罚球，以及随后中场的球权。

图 7－25　取消比赛资格的犯规手势

（五）技术犯规

技术犯规是包含（但不限于）行为性质的队员非接触性犯规。

罚则：

1. 登记一次技术犯规，并作为全队犯规次数；应判给对方队 2 次罚球及随后中场的球权。

2. 如是教练员、助理教练员、替补队员或随队人员的技术犯规，均登记为教练员一次技术犯规，但不作为全队犯规之一计数。

3. 在赛前和其他休息时间内发生的技术犯规，登记一次技术犯规，判给 2 次罚球，并作为全队犯规次数；如是教练员、助理教练员、替补队员或随队人员的技术犯规，则不作为全队犯规之一计数。罚球完毕后，比赛按原有的程序进行。

图 7－26　技术犯规手势

附：裁判员手势

1. 得分

1 分

2 分

3 分试投

3 分投篮成功

取消得分或取消比赛

2. 有关计时钟

停止计时钟或不开动计时钟

犯规停止计时钟

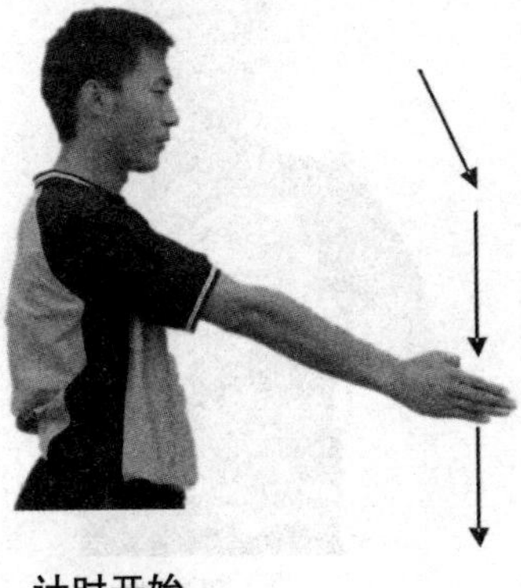

计时开始

24 秒复位

3. 管理

替换

招呼入场

暂停

裁判员和记录台人员之间的联系

4. 违例的类型

可见的计时（5 和 8 秒）

带球走

非法运球或两次运球

携带球

3 秒

5 秒

8 秒

24 秒

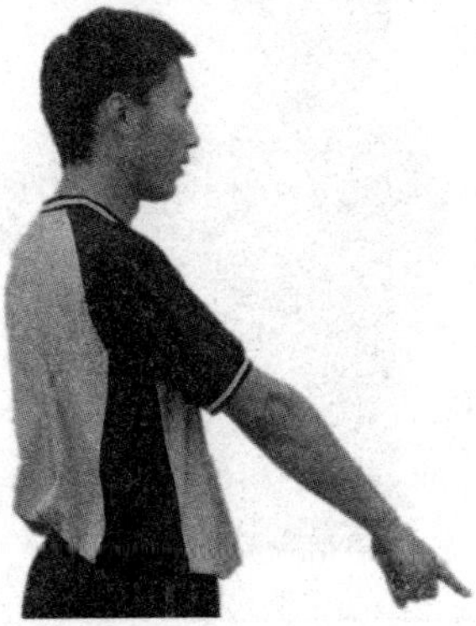

球回后场

故意脚球

出界/比赛方向

跳球

5. 犯规的类型

非法用手

阻挡

过分挥肘

拉人

推人或不带球撞人

带球撞人

控制球队的犯规

双方犯规

技术犯规

违反体育道德犯规

取消比赛资格的犯规

6. 罚球管理

在限制区内

一次罚球

二次罚球

三次罚球

限制区外

一次罚球

二次罚球

三次罚球

附　录

专业词汇中英文对照

1. 变向跳——angle jump
2. 助攻——assist
3. 篮板——backboard
4. 后场——backcourt
5. 背切——backdoor
6. 有球掩护——ball screen
7. 有球侧（强侧）—— ball side
8. 前切——ball side or front cut
9. 擦板投篮——bank shot
10. 单手肩上传球——baseball pass
11. 底线——baseline
12. 球篮——basket
13. 基本姿势——basketball position
14. 断球——interception
15. 阻挡——blocking
16. 防守篮板球——block out
17. 限制区——box
18. 反弹传球——bounce pass
19. 中锋——center
20. 变速跑——change of pace run
21. 推人，撞人——charge
22. 胸前传球——chest pass
23. 低运球——low dribble
24. 变向运球——crossover dribble
25. 变向突破——crossover drive

26. 切入——cut
27. 死球——dead ball
28. 防守方——defense
29. 直线突破——direct drive
30. 两次运球——double dribble
31. 夹击——double team/trap
32. 运球突破——dribble drive
33. 运球队员——dribbler
34. 快攻——fast break
35. 投篮得分——field goal
36. 投篮命中率——field goal percentage
37. 前场——forecourt
38. 罚球——free throw
39. 罚球命中率——free throw percentage
40. 前转身——front turn
41. 后卫——guard
42. 中线——half line
43. 协防——help and decide
44. 跳投——jump shot
45. 跳步急停——jump stop
46. 罚球区——key
47. 上篮——lay up
48. 活球——live ball
49. 中场——midcourt
50. 进攻方——offense
51. 无球掩护——off the ball screen
52. 快攻第一传——outlet pass
53. 界外——out of bounds
54. 头上传球——overhead pass
55. 单手胸前传球——push pass
56. 快速起跳——quick jump
57. 基本姿势——ready position
58. 背切——rear cut
59. 后转身——rear turn

60. 篮板球——rebound
61. 后撤步——retreat step
62. 折返跑——reverse
63. 掩护——screen
64. 转身运球——spin dribble
65. 跨步急停——stride stop
66. 区域联防——zone

参考文献

[1] 王家宏. 新中国篮球运动发展史 [M]. 北京：人民体育出版社，2004.

[2] 孙民治. 篮球纵横 [M]. 北京：北京体育大学出版社，2002.

[3] 全国体育院校教材委员会. 篮球运动教程 [M]. 北京：人民体育出版社，2001.

[4] 薛雨平，陈海啸. 篮球 [M]. 北京：高等教育出版社，2007.

[5] 王家宏，胡红，张宏成. 篮球 [M]. 南宁：广西师范大学出版社，2003.

[6] 朱国权. 篮球 [M]. 北京：北京师范大学出版社，2008.

[7] 赵映辉. 篮球双语教程 [M]. 北京：人民体育出版社，2008.

[8] 张锐，吴治. 篮球 [M]. 北京：北京体育大学出版社，2004.

[9] 王小安，张培峰. 现代篮球运动教程 [M]. 北京：北京体育大学出版社，2007.

[10] 孙民治. 现代篮球高级教程 [M]. 北京：人民体育出版社，2004.

[11] 郭永波. 篮球运动教程 [M]. 北京：北京体育大学出版社，2005.

[12] 孙民治. 球类运动——篮球 [M]. 北京：高等教育出版社，2001.

[13] 王家宏. 球类运动——篮球 [M]. 北京：高等教育出版社，2005.

[14] 李颖川，于振峰，高松山. 篮球游戏理论与方法 [M]. 北京：北京体育大学出版社，2007.

[15] 张国政. 篮球游戏 [M]. 北京：北京体育大学出版社，2005.

[16] 全国体育学院教材委员会. 运动医学 [M]. 北京：人民体育出版社，2005.

[17] 王安利. 运动医学 [M]. 北京：人民体育出版社，2007.

[18] 孙民治. 篮球运动教程 [M]. 北京：人民体育出版社，2006.

[19] 郭法宝. 篮球裁判图解 [M]. 北京：北京体育大学出版社，2002.

[20] 孙民治. 篮球运动高级教程 [M]. 北京：人民体育出版社，2000.

[21] 郭永波. 篮球 [M]. 北京：北京体育大学出版社，2007.